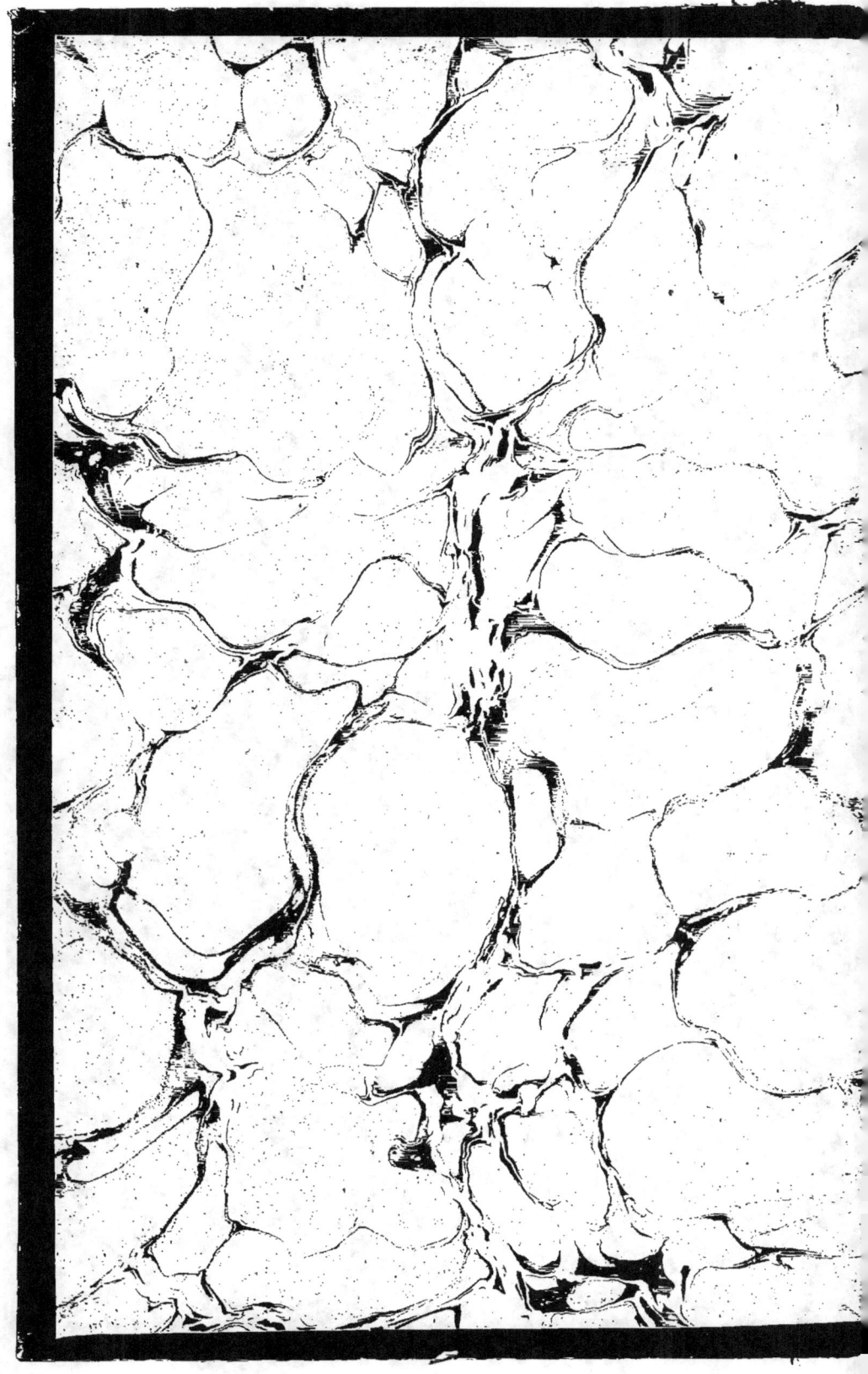

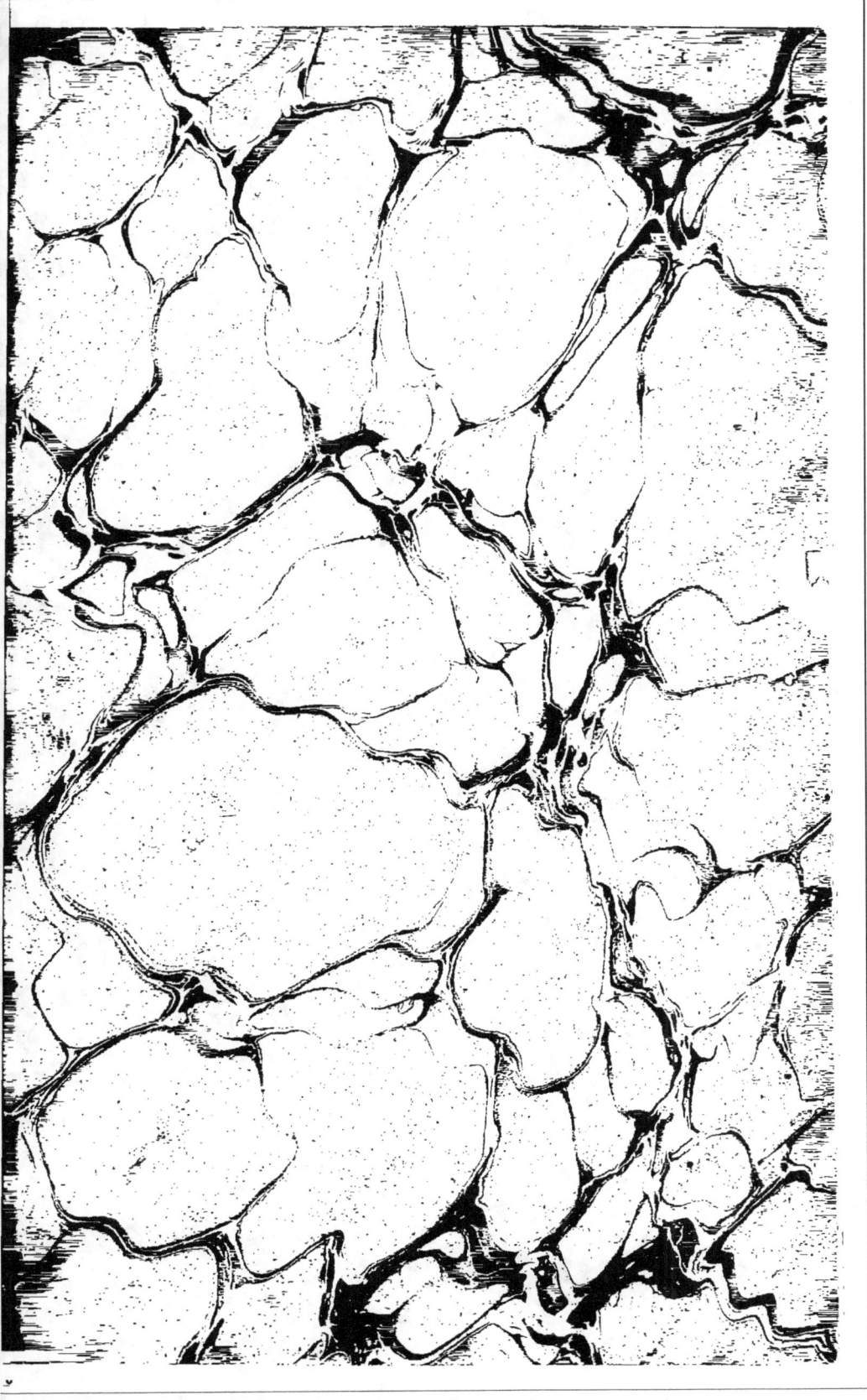

...s Arts de l'Ameublement

2047

Conserver la Couverture

LA DÉCORATION

PARIS
LIBRAIRIE CH. DELAGRAVE

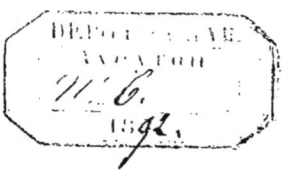

LA DÉCORATION

LA DÉCORATION

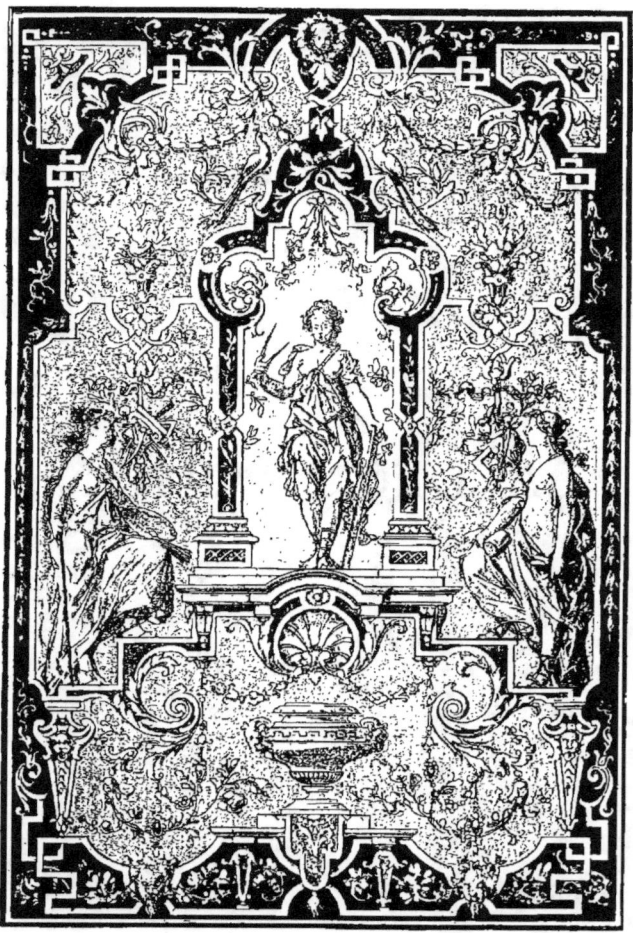

Fig. 1. — La Décoration.
Panneau de tapisserie composé par M. A. Mangonot.

LES ARTS DE L'AMEUBLEMENT

LA DÉCORATION

PAR

HENRY HAVARD

Inspecteur des Beaux-Arts
Membre du Conseil supérieur

CENT ILLUSTRATIONS PAR A. MANGONOT

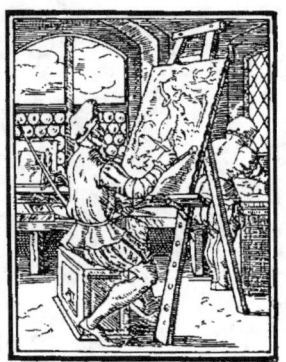

PARIS
LIBRAIRIE CHARLES DELAGRAVE
15, RUE SOUFFLOT, 15

Tous droits réservés.

Il a été imprimé 100 exemplaires de cet ouvrage sur japon des manufactures impériales, numérotés et signés.

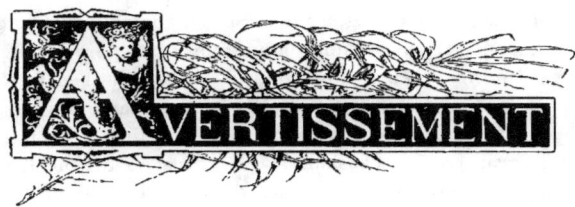

Avertissement

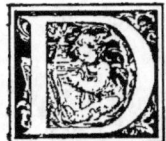epuis une trentaine d'années, une heureuse révolution s'est opérée dans le goût, et non seulement en France, mais encore à l'étranger, tout ce qui se rapporte directement ou indirectement à l'ameublement a pris une importance inattendue dans les préoccupations des gens du monde aussi bien que des artistes. Ces mille et un objets, compagnons fidèles de tous nos instants, trop longtemps dédaignés, injustement méconnus, ont reconquis dans l'estime générale la place à laquelle ils avaient droit. On commence même à s'apercevoir que les *arts de l'ameublement* ne sont point aussi inférieurs qu'on veut bien le prétendre à ce qu'on nomme communément les Beaux-Arts. En tout cas, les satisfactions qu'ils procurent à ceux qui savent les apprécier, les problèmes variés qu'ils soulèvent, les beautés spéciales qu'ils présentent, justifient amplement l'intérêt qu'on leur témoigne.

Une autre raison doit encore nous faire souhaiter de voir leur étude se généraliser en France. Le soin de conserver notre suprématie artistique, quelque peu menacée, nous impose le devoir de familiariser nos jeunes gens avec les innombrables applications de procédés toujours ingénieux, souvent très savants, qu'exige l'exercice de ces différentes professions. Il importe, en effet, à tous ceux qui se destinent à la pratique des *arts industriels* d'apprendre de bonne heure que chacun d'eux possède son esthétique particulière et que, suivant les matières qu'il met en œuvre, il se trouve soumis à des lois spéciales qu'il ne lui est pas permis d'enfreindre, à des règles étroites qu'il lui est interdit de transgresser.

Chaque matière, en effet, comporte une contexture, une ductilité, une densité, qui lui sont en quelque sorte personnelles et dont les qualités mêmes imposent à l'artiste la nécessité de recourir à un traitement spécial. Il est clair, par exemple, que les fibres souples et tenaces du bois ne sauraient être taillées comme le grain sec et cassant de la pierre ou du marbre, et les façons qui conviennent à la pierre, au marbre ou au bois ne sauraient convenir à l'argile qui, flexible et malléable, se modèle à la main, ou aux métaux qui se fondent ou se martèlent. Parmi ces derniers, le degré de dureté, la fusibilité plus ou moins grande, aussi bien que la valeur intrinsèque, forcent l'artiste à employer pour chacun d'eux des procédés différents. Il n'y a que des rapports très lointains entre la mise en œuvre du fer, qui se forge par grandes masses, et celle de l'or, qu'on fond et cisèle par petits lingots. Or ces traitements si divers ne sont point inutiles à approfondir. C'est faute d'avoir appris à les connaître, que les gens du monde exigent si souvent d'industriels trop empressés à leur plaire, qu'ils donnent à certaines matières des formes qui seraient mieux appropriées à des objets de nature très différente. C'est à cette même ignorance qu'il faut attribuer le manque d'originalité, de convenance, de la plupart des modèles qui, dessinés par des artistes cependant fort habiles, pourraient s'appliquer aussi bien à la céramique qu'à la métallurgie.

Un vase, quelle que soit sa destination, doit revêtir une forme particulière suivant qu'il est en or, en argent, en bronze, en porcelaine, en faïence, en marbre ou en bois, et cette forme doit être assez caractéristique pour qu'à première vue, et par la seule contemplation de son galbe, on puisse découvrir de quelle matière il est fabriqué.

C'est pour remédier à ce manque de connaissances, si fâcheux à tous égards, que nous avons entrepris de publier cette petite bibliothèque des *Arts de l'ameublement*. Nous avons pensé rendre aux amateurs de beaux meubles et aux gens du monde un véritable service, en leur permettant de se pénétrer des difficultés pratiques et des exigences que présente la mise en œuvre des divers matériaux plus particulièrement employés dans chacun de ces différents arts, et du genre de beauté auquel ils peuvent prétendre. Nous sommes, en outre, convaincu que les professeurs et les élèves de nos *écoles d'art décoratif* nous sauront gré d'avoir précisé à leur intention les conditions de construction, d'équilibre, de statique, auxquelles doivent se conformer les principaux ouvrages du mobilier, pour répondre aux règles de convenance, d'élégance et de solidité indispensables.

Ayant à résoudre un problème particulièrement délicat, nous nous sommes adressé à un écrivain dont la compétence en ces matières est universellement reconnue. M. Henry Havard a bien voulu se charger non seulement d'écrire spécialement pour nous la suite de monographies dont nous commençons aujourd'hui la publication, mais encore d'en diriger et d'en surveiller l'illustration, de façon que texte et dessins forment un tout d'une homogénéité parfaite.

Nous n'avons pas besoin de présenter M. Henry Havard à nos lecteurs. Les hautes fonctions qu'il occupe au ministère de l'instruction publique et des beaux-arts, l'incontestable autorité qu'il a su acquérir comme critique d'art, la part considérable qu'il a prise à l'organisation des Expositions universelles d'Amsterdam en 1883 et de Paris en 1889, la faveur exceptionnelle que le public a toujours témoignée à ses ouvrages, ont fait assez connaître l'historien de l'*Art hollandais*, l'auteur de l'*Art dans la maison* et du *Dictionnaire de l'ameublement*, pour que toute présentation soit au moins inutile. Ce dont nous pouvons assurer nos lecteurs, par contre, c'est que M. Henry Havard a apporté dans la rédaction de ces petits volumes non seulement le même soin, la même conscience que dans ces magnifiques et coûteux ouvrages qui ont fait sa réputation, mais aussi ce style simple, élégant, précis, et surtout cette clarté d'exposition qui donnent à ses écrits une si grande valeur didactique.

Nous n'avons, d'autre part, rien négligé pour que ces petits livres, malgré leur prix infime, constituent à leur tour de véritables œuvres d'art. L'illustration, confiée à des artistes éprouvés, a été exécutée avec une attention exceptionnelle, et nos gravures, relativement très nombreuses, — plus de cent par volume, — peuvent lutter comme finesse et comme beauté avec celles des publications de grand luxe. Le caractère, entièrement neuf, a été, après de nombreux essais, choisi par l'auteur lui-même, à cause de ses qualités de netteté et de lisibilité ; enfin le papier, d'une pureté absolue, exempt de *charge*, et la reliure souple qui les enveloppe, achèvent de faire de ces jolis volumes de véritables petits modèles de typographie.

Faut-il ajouter que si nous leur avons donné ces qualités d'élégance et de recherche, c'est que nous avons voulu que leur possession pût être souhaitée par tous les jeunes gens comme une récompense? La petite bibliothèque des *Arts de l'ameublement* a, en effet, sa place marquée dans toutes les mains. Sa lecture comporte la meilleure des « leçons de choses » qu'on puisse désirer ; car les curieuses questions qu'elle apprend à résoudre sont de chaque jour, et leur solution, tout en formant notre goût, nous enseigne mille faits généraux qu'il est indispensable de connaître.

Charles DELAGRAVE.

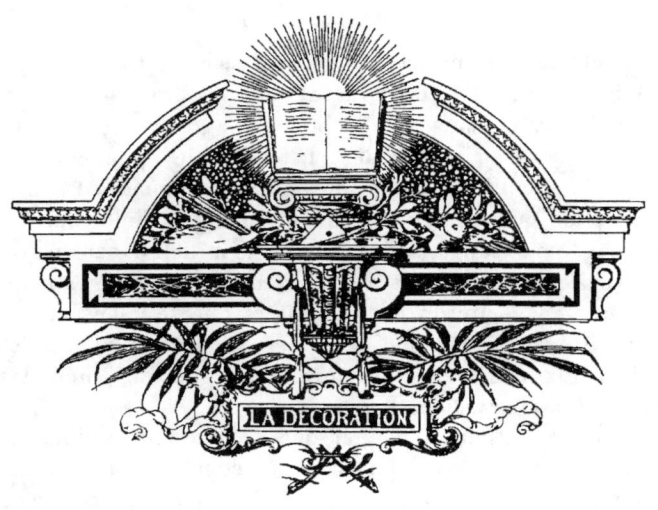
LA DECORATION

I. — LE BESOIN DE PARER SA PERSONNE, D'ORNER LES OBJETS DONT IL SE SERT, DE DÉCORER LES ENDROITS QU'IL HABITE, EST NATUREL A L'HOMME. CE BESOIN SE MANIFESTE DÈS L'ORIGINE DE TOUTES LES CIVILISATIONS ET PEUT ÊTRE CONSIDÉRÉ COMME UN DES SIGNES DISTINCTIFS DE L'ESPÈCE HUMAINE.

L'amour de la parure figure au nombre des besoins instinctifs de notre espèce. Il est en quelque sorte inné chez nous, et se manifeste dès le plus jeune âge avec une intensité très particulière. Une fillette seule au milieu des champs, et sans que personne s'occupe d'elle, saura, à l'aide de fleurs ou de feuillages, se fabriquer un collier, une couronne, une ceinture, un bracelet. Qu'un cerisier soit à sa portée, elle se confectionnera des boucles d'oreilles. Avec des mûres elle se fardera le visage. Si elle habite la ville, laissez entre ses mains du papier, quelques lambeaux d'étoffe, des rubans, des perles fausses, des fleurs artificielles, elle s'appliquera à créer une foule d'ornements souvent bizarres, parfois gracieux et toujours ingénieux, dont elle couvrira sa tête, ses bras, son cou et même les vêtements qu'elle porte. S'agit-il d'un garçon? Il fabriquera en papier des chapeaux, des plumets, des croix, des colliers. Ainsi, aux champs comme à la ville, sans qu'on puisse, par conséquent, invoquer l'influence des milieux, sans maître, sans guide, sans initiation extérieure, par suite d'une espèce d'intuition inexpliquée, l'enfant, presque au sortir du berceau, alors que ses sens et son esprit s'éveillent à peine, imagine, combine et dispose les principaux ornements qui formeront plus tard une des préoccupations majeures de sa vie.

Est-il nécessaire d'ajouter que ce que nous voyons se produire autour de nous n'est pas particulier à notre race, à notre état social, à notre temps? Cet amour de la parure qui apparaît chez nos enfants à l'aurore de la vie, se retrouve chez tous les peuples. « L'art précède la science, » a dit Lamennais[1]. Il précède même la civilisation. Avant de se vêtir, l'homme à l'état de nature songe à se parer. Avant de chercher à se garantir du froid ou de la chaleur, du vent ou de la pluie, il décore sa tête d'une plume, ses épaules de colliers faits de dents de chien, de loup, de chamois ou de renne; ses bras de cailloux percés et retenus par un fil, et ses oreilles de coquillages, de pendeloques d'ambre, de silex ou de marbre. Cela fait, il orne sa femme, ses armes, ses dieux, ses temples, sa maison, tout ce qui lui est cher et précieux, tout ce qu'il aime, craint ou vénère. Même chez les peuples pasteurs, qui, par leur vie nomade, leur absence d'industrie et leurs constantes migrations, semblent devoir, mieux que les autres, échapper à ce genre d'obsession, l'amour de la parure se manifeste avec une puissance indiscutable. Éliézer, se rendant à la fontaine où il doit rencontrer Rébecca, a soin de se munir

---

1. *De l'Art et du Beau*, p. 3.

d'une fibule en or et de deux bracelets. Thamar, avant de s'abandonner à Juda, exige comme gage son bracelet et son anneau. Gédéon, en récompense de sa victoire, réclame les pendants d'oreilles des Madianites. « Ève, dit malicieusement lord Byron[1], travailla dans les modes avec les feuilles de figuier. C'est la première connaissance que l'Église tira de l'arbre de la science. » — « On a eu la passion des colifichets avant de sentir le besoin de l'indispensable, écrit de son côté Quicherat, tant a eu raison celui qui a dit que le superflu est ici-bas la chose la plus nécessaire[2]. »

II. — BIEN QUE TOUS LES ARTS PLASTIQUES CONCOURENT DANS UNE MESURE PLUS OU MOINS LARGE A LA DÉCORATION, ON DONNE PLUS SPÉCIALEMENT LE NOM D'ARTS DÉCORATIFS A CEUX QUI ONT POUR BUT, NON PAS LA CRÉATION D'UNE ŒUVRE D'ART INDÉPENDANTE, MAIS L'ORNEMENTATION D'UN ENSEMBLE DE CONSTRUCTIONS, D'UNE PIÈCE, D'UNE SURFACE OU D'UN OBJET PRÉALABLEMENT EXISTANT.

C'est dans ce besoin naturel, inné, instinctif en quelque sorte, que tout homme éprouve d'embellir ce qui lui appartient ou l'approche, qu'il faut chercher l'origine des principaux arts. Compagnons assidus de l'existence humaine et suivant les développements des civilisations les plus diverses, les arts plastiques, — les seuls dont nous ayons à nous occuper ici, — ont revêtu dans leur marche à travers les âges des formes extrêmement variées et subi, malgré leur origine commune, des classifications plus ou moins justifiées. C'est ainsi qu'après avoir été longtemps répartis d'après la nature des matériaux qu'ils mettaient en œuvre, ils se trouvent à l'heure actuelle, et depuis près d'un siècle,

---

1. *Don Juan,* chant XIV.
2. *Histoire du costume,* p. 2.

divisés en deux branches principales : les BEAUX-ARTS et les ARTS DÉCORATIFS.

Au premier abord, on ne sent pas très bien la nécessité de cette répartition, et cette division, qui n'est pas d'une évidente clarté, peut paraître assez arbitraire. Tous les arts plastiques, chacun dans leur sphère, ont, en effet, pour objectif supérieur la recherche du Beau. Ils ont donc droit, les uns comme les autres, à être qualifiés de Beaux-Arts, et l'on ne comprend pas pourquoi cette qualification, accordée sans difficulté à la confection d'un fade tableau, est refusée à la conception, à l'exécution d'un vase ou d'une tapisserie. D'autre part, il serait incivil de prétendre que le tableau accroché dans un salon, la statue placée dans un jardin, le buste ornant un escalier ou une façade, ne décorent pas cette façade, cet escalier, ce jardin, ce salon. De pareils ouvrages sont donc décoratifs au premier chef.

D'où vient alors qu'on classe ainsi les ouvrages d'art dans deux catégories séparées? Est-ce à cause de leur différence de mérite? En aucune façon. — C'est simplement qu'on est convenu de comprendre dans la première de nos catégories les productions isolées, exécutées en dehors de toute adaptation, de toute localisation immédiate, sans aucune préoccupation d'utilité; et que l'on a pris l'habitude de ranger dans la seconde les ouvrages qui ont pour but essentiel de concourir directement à l'ornementation d'un édifice, d'une surface ou d'un objet préexistant.

Ainsi — ne craignons pas d'insister sur ce point — ce n'est ni la qualité morale de l'œuvre, ni son exécution plus ou moins parfaite, ni les difficultés de production, ni l'habileté technique de l'artiste, qui déterminent la classification. Celle-ci découle uniquement de la destination de l'ouvrage. Ce dernier rentre dans la catégorie des Arts décoratifs, quand il existe un lien évident entre sa conception et la place qu'il occupe, lorsqu'il a été exécuté en vue d'une destination particulière, ou dans un but d'utilité spéciale.

III. — Par suite du rôle qui leur est assigné, les arts dont la décoration est le but principal sont soumis a une dépendance, a une subordination auxquelles échappent les autres manifestations artistiques, et, comme conséquence, ils obéissent a des règles particulières.

Si les artistes qui pratiquent les Beaux-Arts proprement dits jouissent, dans la conception et l'exécution de leurs œuvres, d'une indépendance à peu près complète, n'étant soumis qu'aux règles générales du Goût et de la Mode, il n'en est pas de même de ceux qui se vouent au culte des Arts décoratifs. Ces derniers, en effet, ont à compter avec des exigences étroites et nombreuses.

Alors que le peintre en parturition d'un tableau, le sculpteur en gestation d'une statue, peuvent être comparés à ces tirailleurs qui, dans l'*ordre dispersé,* gardent la liberté de leurs mouvements; les décorateurs, au contraire, qu'ils soient sculpteurs ou peintres, opèrent en *ordre concentré,* et non seulement sont tenus d'obéir au commandement général, mais encore doivent conformer leurs mouvements aux moindres évolutions de la troupe qui les encadre.

Les premiers, pareils à des solistes, peuvent se livrer à leur fantaisie créatrice, s'abandonner aux inspirations de leur virtuosité, ralentir ou accélérer la mesure et rajeunir un thème connu, par des variations inattendues ou des fioritures expressives. Les seconds, au contraire, ressemblent davantage à ces habiles musiciens de l'orchestre chargés d'accompagner l'interprète principal, de boucher les trous de son exécution, de suppléer aux lacunes de sa voix et surtout de concourir, chacun dans la sphère de son talent et dans la proportion de ses forces, à la parfaite exécution de la pensée du compositeur.

Le rôle des premiers est plus personnel et, par suite,

plus brillant. Leurs défaillances, moins sensibles, passent souvent inaperçues. Parfois même leurs défauts ajoutent à leurs créations une sorte de saveur qui n'est pas sans charme. Celui des seconds est plus modeste, plus effacé, presque anonyme, mais aussi plus délicat. Il réclame plus de souplesse, et avec une abnégation complète une érudition et un goût supérieurs. En outre, il convient de remarquer que les premiers, faisant appel au sentiment, sont par là même assez facilement compris de la foule; alors que les seconds, sacrifiant davantage à la science, ne peuvent être justement appréciés que par une élite de connaisseurs. Un très grand esprit de l'Antiquité, Quintilien, a dit avec infiniment d'à-propos : « Les savants saisissent la raison de l'Art, les ignorants ne comprennent de lui que le plaisir qu'il cause. » Mais en tout temps les ignorants ont été de beaucoup les plus nombreux. De là vient cette fausse hiérarchie établie dans les arts, et le peu d'admiration que le public accorde à des artistes qui, au lieu de s'abandonner à leur propre inspiration, s'astreignent à la tâche ingrate de résoudre des problèmes qu'un autre a posés.

IV. — ALORS QUE, DANS LES ŒUVRES DE PEINTURE ET DE SCULPTURE INDÉPENDANTES, L'ARTISTE PEUT, PAR L'EXPRESSION INTENSE DES PASSIONS, PAR LA TRADUCTION DE SENTIMENTS VIOLENTS, PAR LA REPRÉSENTATION DE SCÈNES PARTICULIÈREMENT MOUVEMENTÉES, CHERCHER A ÉMOUVOIR LE SPECTATEUR ET PROVOQUER CHEZ LUI UNE ILLUSION MOMENTANÉE; DANS LES ARTS DÉCORATIFS, AU CONTRAIRE, L'EXPRESSION TROP VIVE DE SENTIMENTS PASSIONNÉS DOIT ÊTRE BANNIE, CAR LA DÉCORATION NE DOIT, DANS AUCUN CAS, FAIRE OUBLIER LE RÔLE ET LA DESTINATION DE LA CHOSE DÉCORÉE.

Le but que se proposent le peintre et le sculpteur exécutant une œuvre isolée — et par conséquent indépendante, — est presque toujours de créer chez le spectateur une illusion momentanée, de le transporter par la pensée dans un autre milieu ou dans un autre temps, et d'émouvoir ses sens ou son cœur par la représentation d'un spectacle évoquant en son esprit des idées douces ou cruelles, tristes ou joyeuses. Pour obtenir ce résultat, tous les moyens lui sont bons. Il lui est permis de faire appel aux actions les plus dramatiques, aussi bien qu'aux événements les plus compliqués. La douleur, la crainte, le dégoût, l'horreur même, produits par la contemplation de son œuvre peuvent être employés par l'artiste pour atteindre le but qu'il poursuit; et les procédés dont il se sert, comme l'impression qu'il fait naître, n'ont rien que de légitime. Le cadre dont son tableau est enveloppé, le socle ou le piédestal sur lequel reposent son groupe ou sa statue, isolent ceux-ci et montrent suffisamment que rien ne les rattache à ce qui les entoure. Ils forment, en effet, comme les chapitres détachés d'un récit aimable ou douloureux, mais toujours émouvant, que l'artiste raconte à ceux qui fixent son ouvrage.

Dans les Arts décoratifs, c'est le contraire qu'il faut observer. Le devoir du décorateur, qu'il soit sculpteur ou peintre, n'est pas de provoquer des sentiments de crainte ou d'enthousiasme, mais simplement d'orner et d'embellir. Il doit intéresser le spectateur, et ne jamais l'émouvoir. Il lui faut surtout se garder de créer une illusion qui fasse oublier le rôle et la nature de l'objet dont on lui a confié la parure. Supposons qu'un décorateur s'avise de figurer sur la paroi d'un salon une *scène d'histoire*, une *bataille*, une *marine* ; qui ne sent l'inconvénient majeur que présenterait un pareil sujet, s'il évoquait le sentiment de la réalité ? Outre qu'il serait malséant de voir des vaisseaux naviguer ou des soldats combattre et mourir dans une pièce destinée à d'agréables réunions, à d'intimes causeries, l'illusion dont nous parlons ne pourrait se produire qu'à une condition, c'est que le spectateur oubliât qu'il a une muraille devant les yeux, et de suite son esprit s'inquiéterait, car il ne comprendrait plus sur quoi portent le plafond et la corniche. En admettant que l'illusion soit nulle, le mal serait pire. Une représentation dramatique laissant le spectateur froid est, par son effet même, sans but et sans raison, et l'expression de sentiments passionnés, lorsqu'ils ne doivent point émouvoir, est au moins inutile. Aussi le décorateur prudent évite-t-il avec soin de traiter les sujets violents dont la représentation irait d'autant plus à l'encontre de son but, que leur exécution serait plus parfaite.

V. — COMME CONSÉQUENCE, DANS TOUTE DÉCORATION, NON SEULEMENT L'IMITATION STRICTE DE LA NATURE N'EST POINT INDISPENSABLE, MAIS L'ARTISTE DOIT ENCORE SE GARDER DE DONNER A SES COMPOSITIONS UN ASPECT TROP RÉEL. PAR CONTRE IL PEUT, TANT AU POINT DE VUE DE LA FORME QUE DE LA COULEUR, S'ABANDONNER AUX CAPRICES D'UNE ÉLÉGANTE FANTAISIE ET INTERPRÉTER AVEC UNE CERTAINE LIBERTÉ LES SUJETS QU'IL SE PROPOSE DE RENDRE.

Nous venons d'établir que dans le choix de ses sujets le décorateur expérimenté évite tous ceux qui peuvent produire une émotion intense. Mais ce choix n'est point toujours laissé à la disposition de l'artiste. Il lui est souvent imposé, et les motifs qu'on lui indique rentrent parfois dans la catégorie de ceux que nous venons de proscrire. Dans ce cas, il n'oublie jamais combien il serait dangereux de provoquer une illusion, et dès lors, se souvenant que l'imitation stricte de la nature n'a et ne peut avoir d'autre but que de créer cette illusion, il se garde de cette imitation avec une attention toute particulière.

Est-il, par une nécessité supérieure, obligé de représenter un fait historique ? Il aura soin, par une transposition de tons, par un assoupissement général de sa composition, de particulariser suffisamment la scène qu'il traduit, et de la distinguer ainsi du monde réel qui l'entoure, de façon à rendre toute confusion impossible. Il pourra, en outre, par un encadrement plus ou moins compliqué, par une bordure plus ou moins riche, souligner la portée ornementale de son œuvre. Vingt moyens, au surplus, sont à sa disposition pour accentuer le caractère conventionnel, indispensable à ces sortes de représentations. L'inobservance du point de fuite, le mauvais placement de la ligne d'horizon, en faussant la perspective, enlèveront à la composition toute apparence de profondeur et lui donneront l'aspect d'un décor.

C'est ce qu'ont remarquablement compris les Chinois et ce qui leur a valu pendant si longtemps, de la part de nos artistes, les plus vives et les plus mordantes critiques ; jusqu'au jour où l'on a fini par saisir le parti merveilleux que ces décorateurs si intelligents tiraient, dans l'ornementation de leurs tissus et de leurs vases, de ces incorrections volontaires. Nos tapissiers du xve siècle, au reste, ne procédaient point autrement, et en présence des admirables peintures des Van Eyck, des Thierry Bouts, des Roger van der Weyden, etc., on ne peut prétendre que les peintres de ce temps, auxquels on demandait les cartons de tapisseries, aient ignoré les lois rigoureuses de la perspective. On doit donc regarder les fautes, les erreurs, qu'on relève dans ces tapisseries, comme des erreurs voulues, comme des fautes jugées nécessaires ; et ces grands artistes avaient raison de les commettre, car le résultat qu'ils obtenaient ainsi devenait plus conforme aux lois de la décoration.

Le principal effet d'une perspective bien observée est de faire un trou dans le mur. Or une ouverture, de quelque nature qu'elle puisse être, alors même qu'elle donnerait jour sur le plus riant paysage, ou qu'elle nous permettrait de contempler le plus magnifique palais, ne saurait être considérée comme un décor. Un vitrail, un rideau, au contraire, un store, une toile, voilant cette ouverture, produiront, dans certains cas, un effet très décoratif. Eh bien, une perspective mal observée, en détruisant la succession logique des plans et en empêchant que la peinture ne se creuse, transforme celle-ci en une sorte de rideau et répond, par conséquent, aux exigences décoratives.

Nos deux figures 5 et 6, qui placent à côté d'une tapisserie du xvie siècle la scène représentée par cette tapisserie mise

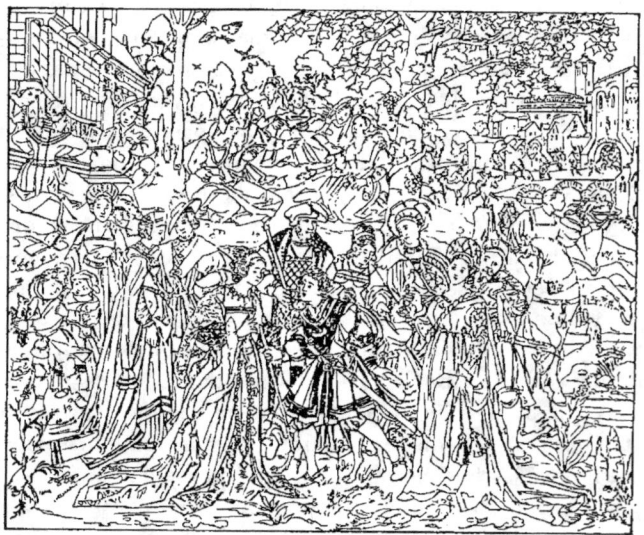

Fig. 5. — Tapisserie flamande du xvie siècle représentant les *amusements champêtres*.

dans sa perspective rigoureuse, montrent quelles impressions très différentes peuvent naître de la contemplation d'un même sujet, suivant qu'il est exécuté d'une façon correcte ou avec des incorrections voulues. La première donne la sensation d'une tapisserie, la seconde troue le mur et présente l'aspect d'un tableau. Faut-il ajouter que même dans les peintures décoratives les plus accomplies, dans les chefs-d'œuvre les moins discutés, on rencontre de ces fautes volontaires ? L'*École d'Athènes* offre deux points de vue, l'un, plus bas, pour l'architecture ; l'autre, plus haut, pour les figures ; et les *Noces de Cana* de Paul Véronèse présentent deux lignes d'horizon.

Certains détails d'exécution qui passent souvent inaperçus ou dont on ne pénètre pas de suite la raison, aident également à produire ces illusions si nécessaires. Il n'est

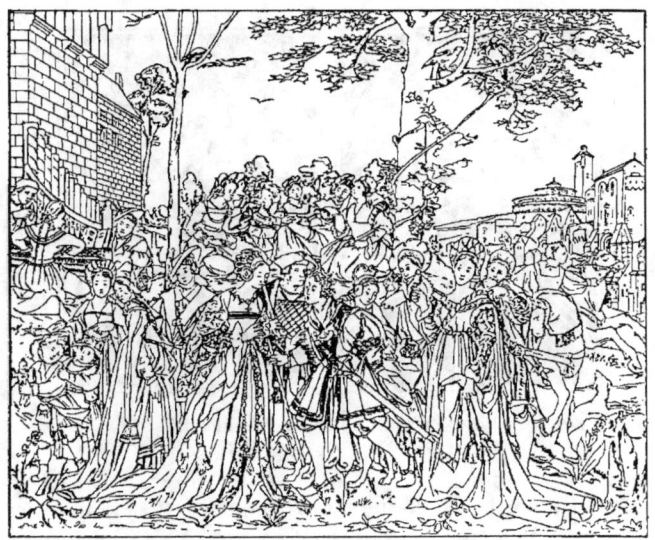

Fig. 6. — La même tapisserie flamande du XVIᵉ siècle mise en perspective.

personne qui n'ait remarqué la façon très particulière dont les feuillages sont traités dans les bas-reliefs de l'époque ogivale et dans les anciennes tapisseries dites de *verdure*. Les feuilles y sont disposées sur un plan vertical, et en quelque sorte à plat. (Voir fig. 7, 8 et 9.) Eh bien, cette disposition, qui, au premier abord, semble accuser une certaine naïveté dans l'exécution, est, au contraire, d'une ingéniosité extrême. Les fleurs, les feuillages, les vols d'oiseaux, présentés ainsi verticalement, revêtent un aspect décoratif qu'ils cessent d'avoir dès qu'on les dessine sur un plan horizontal, et comme ils s'offrent, du reste, à nos regards dans la nature.

On voit que, tenu de traiter un sujet fixé, déterminé à l'avance, le décorateur ne manque pas d'artifices pour imprimer à ce sujet un caractère s'harmonisant avec sa desti-

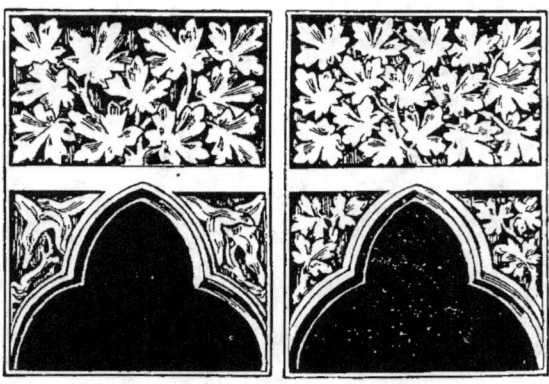

Fig. 7 et 8. — Feuillages disposés à plat, et prenant ainsi un aspect décoratif.
(CATHÉDRALE DE REIMS.)

nation. Le motif est-il moins précis et prête-t-il à l'interprétation? D'autres moyens sont encore à sa portée pour en souligner la fonction décorative. Il aura soin, par exemple, d'introduire dans sa composition une certaine fantaisie, de mêler le fantastique au réel, et de donner ainsi à l'ensemble de son œuvre un aspect suffisamment conventionnel, qui en accentuera la mission.

Supposons qu'on demande à notre décorateur de composer, pour un meuble de salon, une suite de tapisseries représentant les fables de La Fontaine ou celles de Florian. Qui ne sent combien il serait malséant de donner à la ménagerie qui constitue le personnel de ces fables, un aspect trop réel, et quelle inconvenance il y aurait à faire asseoir les gens au milieu de prés verdoyants, de montagnes, de chutes d'eau, sur des loups, des agneaux, des paons, des chiens, des renards ou des ânes? L'artiste, dans ce cas, a pour devoir de recourir à des compromis gracieux, qui détruisant toute illusion, font oublier à la personne à laquelle on offre un siège, ce que le sujet choisi pour la décoration de ce siège peut avoir d'insolite.

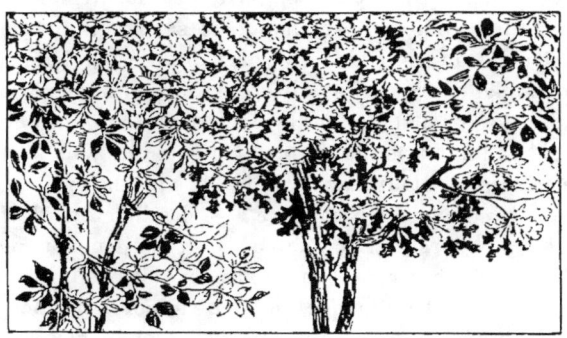

Fig. 9. — Feuillages disposés verticalement, et prenant ainsi un aspect décoratif (Fragment d'une des tapisseries dites *les Belles Chasses du duc de Guise*.)

VI. — LE CHOIX DES SUJETS LORSQU'IL EST LAISSÉ A L'ARTISTE, DOIT TOUJOURS ÊTRE EFFECTUÉ AVEC LE PLUS GRAND SOIN. IL DOIT S'ACCORDER NON SEULEMENT AVEC LA NATURE ET LA DESTINATION DE LA PIÈCE, DU MONUMENT OU DE L'OBJET QU'IL S'AGIT DE DÉCORER, MAIS ENCORE AVEC LEUR FORME PARTICULIÈRE.

Le caractère franchement décoratif de sa composition n'est pas, toutefois, la seule particularité qui doive préoccuper l'artiste soucieux de son rôle. Lorsque le *maître de l'œuvre* lui abandonne le libre choix des sujets à interpréter ou des motifs à combiner, il s'efforce d'harmoniser ceux-ci avec la destination de la surface ou de l'objet confiés à ses soins. Il serait malséant, en effet, de prétendre décorer un tombeau d'ornements exprimant l'abondance, les festins, les plaisirs. Il ne serait guère plus convenable d'orner une salle de spectacle d'attributs lamentables ou de scènes rappelant les funérailles et la mort.

Enfin, ce n'est pas seulement la destination de la surface ou de l'objet qui éveille l'attention du décorateur expérimenté ; il doit encore en considérer la forme. Lorsque cette forme est plane et qu'elle ne comporte pas de divisions apparentes, le problème est simple et sa solution semble facile. Quand au contraire elle présente des divisions, et principalement lorsque ces divisions se justifient par une nécessité de la construction, le décorateur habile s'efforce toujours de tenir compte de cette disposition, et surtout de ne jamais la contrarier. Enfin, lorsque la surface est courbe, — convexe ou concave, — la difficulté devient souvent considérable, et l'artiste doit choisir son motif de telle façon que la représentation n'en soit pas forcément déformée. N'est-il point quelque peu ridicule, en effet, de représenter une bataille sur la panse arrondie d'un vase, comme on l'a fait à Sèvres, au commencement de ce siècle ? N'est-il pas plus fâcheux encore, comme l'ont fait les céramistes de la Renaissance italienne (voir fig. 10), de prolonger sur le marli d'une soucoupe ou d'un plat un paysage ou une scène d'histoire commençant au fond de ce plat ou de cette soucoupe ? L'image, en suivant ces courbes diverses, perd son unité, présente des raccourcis fâcheux, des déformations regrettables.

Ainsi, et pour nous résumer, quelle que soit la liberté qu'on laisse au décorateur, cette liberté ne doit jamais violenter ou contredire la forme qu'il a pour mission d'orner. L'artiste, au contraire, par l'ingénieuse répartition de son ornementation, doit s'appliquer à rendre cette forme bien lisible. Il doit en souligner les traits principaux, en accentuer le caractère.

VII. — Lorsque l'artiste représente une scène ou une allégorie, il importe que le sens de cette scène ou de cette allégorie soit facile a saisir.

Le rôle de la décoration, ne craignons pas de le redire, est uniquement de charmer les yeux. C'est pourquoi le dé-

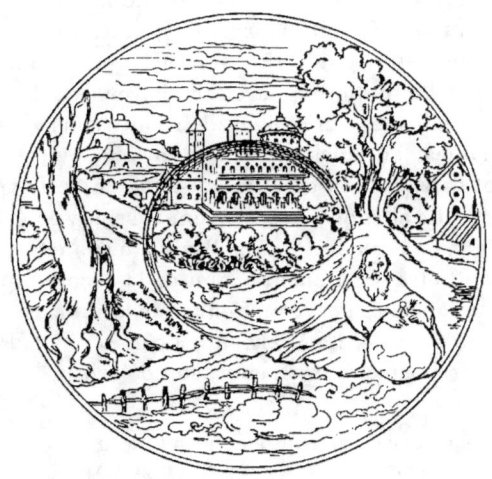

Fig. 10. — Exemple fautif de décoration commençant sur le fond d'un plat et se continuant sur le rebord. (Faïence italienne de la fin du XVIe siècle.)

corateur a si souvent recours à des représentations fabuleuses pour exprimer des abstractions plus ou moins claires. N'étant plus contenu dans les bornes de la réalité, il peut alors donner libre cours à sa fantaisie, et à l'aide de ces gracieuses fictions produire des créations exquises. Notre esprit, au surplus, s'accommode fort bien, malgré leur invraisemblance, de ces sujets merveilleux ; peut-être pour cette même raison qui fait que les spectacles s'accommodent mieux des lumières artificielles que du jour. L'art et ces lumières constituent un commencement d'illusion. Mais le décorateur, lorsqu'il recourt à ces représentations, doit éviter avec soin de soumettre l'intelligence du spectateur à une préoccupation persistante.

En conséquence, lorsque l'ornementation d'une surface est, de par la volonté du *maître de l'œuvre,* appelée à consacrer un événement plus ou moins mémorable; à symboliser un art, une science, une fonction; à figurer une époque de l'année, à représenter une partie de la terre, etc.; en un mot, lorsqu'elle doit avoir une signification précise, il importe que cette signification soit facilement compréhensible et que l'intention apparaisse clairement. Le rôle de ces fictions délicates, en effet, est de rendre concrètes, c'est-à-dire visibles, tangibles en quelque sorte, la pensée, l'idée, en un mot l'abstraction qu'elles ont pour objet d'exprimer. Par suite, toute allégorie obscure, dont le sens, pour être démêlé, exige une certaine tension d'esprit ou un effort d'intelligence, doit être sévèrement bannie de la décoration. Toute représentation de ce genre qui tourne au rébus est essentiellement condamnable. Le Mière, qui a consacré à la Peinture un indigeste poème, a donc eu raison d'écrire :

> Ainsi l'Allégorie au besoin aide l'Art ;
> Mais souvent un artiste imagine au hasard,
> Et pour m'embarrasser par une énigme vaine,
> Se perche avec le Sphinx sur la roche Thébaine ;
>
> Mon œil impatient, par la toile offusqué,
> Laisse dans ses brouillards le sens mal indiqué.
> Le sens doit être clair, quoiqu'il change d'origine ;
> L'Allégorie habite un palais diaphane [1]...

C'est ce même besoin de clarté qui faisait dire par Diderot aux peintres de son temps : « N'inventez de nouveaux personnages allégoriques qu'avec sobriété, sous peine de devenir énigmatiques [2]. »

1. *La Peinture,* poème par M. Le Mière. p. 60.
2. *Pensées détachées sur la peinture* (*Œuvres complètes,* tome IV, p. 534.)

LA DÉCORATION 17

« L'image que l'allégorie offre à nos regards, est-il nécessaire de l'ajouter ? doit encore être, autant que possible, agréable, aimable, gracieuse. Elle doit présenter l'idée qu'elle se propose d'exprimer sous sa face la plus avantageuse. Elle doit, de plus, être simple, c'est-à-dire sans mélange d'objets inutiles, sans stériles complications d'attributs. L'usage, enfin, doit en être sagement limité. L'abus de l'allégorie est une faute[1]. »

VIII. — LE DÉCORATEUR, LORSQU'IL EMPLOIE DES ATTRIBUTS POUR SYMBOLISER UN ART, UNE SCIENCE, UNE OCCUPATION, ETC., DOIT, AUTANT QUE POSSIBLE, CHOISIR CES ATTRIBUTS PARMI LES TYPES CONSACRÉS, ET GÉNÉRALEMENT PARMI LES FIGURES ARCHAÏQUES.

« Je loue les peintres, car ils expriment la vérité à l'aide de fictions, » a dit un Ancien[2]. Dans les Arts décoratifs, plus encore que dans les Beaux-Arts, les fictions paraissent nécessaires, et les artistes sont journellement obligés de recourir non seulement à des allégories, mais aussi à l'emploi d'objets empruntés aux usages de la vie et qui, transformés en symboles, servent à marquer le caractère spécial de certaines figures, à déterminer leurs qualités essentielles ou à fixer leur personnalité. Ces objets symboliques prennent le nom d'attributs. La balance et le glaive, par exemple, sont les attributs de la Justice ; la trompette, celui de la Renommée ; la roue est l'attribut de la Fortune. On donne également ce même nom à des faisceaux ou à des groupements d'objets caractérisant une occupation, une science ou un art, et qui, ingénieusement combinés, fournissent non seulement des motifs de décoration agréables,

---

1. *Dictionnaire de l'ameublement et de la décoration*, tome 1ᵉʳ, col. 55.
2. « *Laudo pictores : alatos enim amores pingunt, et arte transformant id quod vere est, et fictionibus veritatem exprimunt.* » Theophyl. Simocatus, cité par Franciscus Junius dans son livre : *De pictura veterum* ; Amsterdam, 1637, l. III, p. 141.

mais encore constituent d'élégants hiéroglyphes dont, avec un peu d'attention, la lecture doit demeurer facile.

Ajoutons que les attributs ne servent pas seulement à caractériser les personnages. De tout temps ils ont été employés par les architectes pour préciser la destination des édifices. C'est ainsi que les métopes du temple de Délos, consacré à Apollon, étaient décorées de lyres. Jadis les temples dédiés à Neptune étaient ornés d'éperons de navire et de gouvernails. L'entrée des théâtres était signalée par

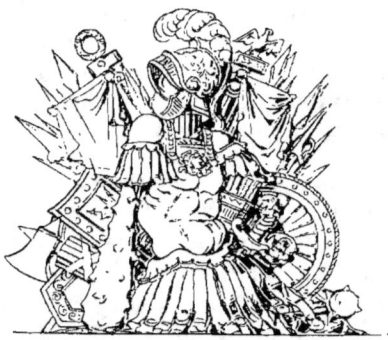

Fig. 11. — Exemple de trophée composé avec des attributs archaïques.

des masques tragiques et comiques. De nos jours, une croix placée au-dessus d'une porte désigne une chapelle, un séminaire, un couvent. Des casques et des trophées indiquent une caserne. La plupart des enseignes ingénieuses et pittoresques qui se prélassaient autrefois au-dessus des portes, sortes d'armes parlantes de nos arts et métiers, symbolisaient par des attributs la profession de celui dont elles ornaient la demeure. Enfin, même dans la décoration intérieure, ces sortes d'emblèmes, choisis avec intelligence et employés avec discrétion, peuvent indiquer la destination d'une pièce, en même temps qu'ils concourent à sa décoration. Des faisceaux groupant les attributs de la pêche ou de la chasse conviennent parfaitement à une salle à manger;

des instruments de musique, des livres, des cahiers, à une salle de concert ou un salon de compagnie, etc.

Dans le choix des objets composant ces hiéroglyphes, le décorateur habile accorde la préférence aux figures archaïques, qui, étant consacrées par le temps, doivent à cette consécration de mieux conserver leur apparence symbolique. « Comme ces anciens ornements jouissent du droit de possession, remarque, à ce propos, le peintre anglais Reynolds[1], on ne doit les abandonner que lorsqu'on peut les remplacer par d'autres qui non seulement sont plus beaux, mais qui peuvent balancer la confusion et le désordre qui résultent toujours de l'innovation. » Enfin le décorateur, s'il est forcé de recourir, faute d'équivalents, à la représentation d'objets relativement modernes, évite avec soin de donner à ces objets un aspect trop réel, qui atténuerait certainement leur valeur emblématique.

IX. — LA PLUPART DES DÉCORATIONS AYANT UN CARACTÈRE PERMANENT, ET PAR CONSÉQUENT ÉTANT DESTINÉES A ÊTRE CONTEMPLÉES SOUVENT ET PAR LES MÊMES PERSONNES, ON DOIT, AUTANT QUE POSSIBLE, DANS LEUR COMPOSITION, ÉVITER LA REPRÉSENTATION D'ATTITUDES PÉNIBLES, DONT LA VUE NE SAURAIT MANQUER DE PRODUIRE, A LA LONGUE, UNE IMPRESSION DE GÊNE ET MÊME DE FATIGUE.

Nous avons dit que le rôle d'une décoration bien comprise était, avant tout, de créer un plaisir pour les yeux en même temps qu'un repos pour l'esprit. Il faut, par conséquent, renoncer en principe à ces figurations qui simulent un effort persistant, et dont la contemplation ne manquerait pas de devenir fatigante à la longue. Le sculpteur habile n'usera donc qu'avec modération de ces cariatides musclées à l'excès, qui paraissent à moitié écrasées par la

1. *Œuvres complètes du chevalier Josué Reynolds;* Paris, 1806, tome 1er, p. 305.

charge effroyable que soutiennent leurs épaules. Il se souviendra toujours avec admiration des merveilleuses figures du temple d'Érechtée, à Athènes, vierges *errhéphores* qui portent allégrement leur pesant fardeau, et dont le mouvement, rythmé dans un ordre alternatif, associe gracieusement le sentiment de la vie à l'inéluctable immobilité de l'architecture.

Le peintre, de son côté, évitera ces poursuites désordonnées, qui semblent devoir projeter en dehors de leur cadre les personnages lancés dans une course imaginaire. Le premier devoir d'un spectacle destiné à durer, est de ne représenter que des faits durables. Toutes les actions violentes dont le caractère transitoire est trop accentué, conviennent mal à des décorations fixées pour une relative éternité à la place qui leur a été dévolue.

X. — Pour des raisons analogues, il faut, dans l'ordonnance et l'exécution d'un décor, tenir compte de la place qu'il occupera, et des exigences spéciales du point de vue et de la perspective.

Ces mêmes motifs de convenance exigent que le décorateur se préoccupe de la place réservée à sa composition, de la distance à laquelle celle-ci sera contemplée et des effets de la perspective. Il est clair qu'une peinture surmontant un lambris et marouflée sur un mur, à deux mètres de hauteur, demande, pour conserver son aplomb, une autre ligne d'horizon qu'une peinture affleurant le sol. De même un plafond doit *plafonner,* c'est-à-dire « trouer la voûte » ou tout au moins affecter une disposition qui lui permette sans inconvénient de demeurer indéfiniment suspendu. En aucun cas il ne doit constituer pour le spectateur une menace perpétuelle. Un tableau d'histoire exécuté pour être vu verticalement, et disposé ensuite sur un plan horizontal, produit un intolérable contresens. Cependant, depuis un siècle, des peintres fort distingués se sont crus autorisés à meubler nos plafonds de scènes historiques, et même à y figurer des sièges et des batailles. Le Louvre offre de ces fâcheuses représentations[1]. Il est vrai qu'on en trouve également au Vatican; mais l'exemple, pour venir de loin, n'en est pas moins condamnable.

Dans la confection des objets mobiliers de toute nature et de tout volume, ces conditions d'emplacement et de perspective ne sont pas non plus indifférentes. La destination d'un meuble, l'éclairage auquel il est soumis, la distance à laquelle il sera contemplé, sont à considérer dans la disposition de sa décoration et dans l'importance qu'il faut donner aux saillies. Une tasse de porcelaine, qu'on tient ordinairement à la main, ne comporte pas le même genre de décor qu'un grand vase de faïence; ce dernier, pour être vu dans son ensemble, réclamant un recul de dix mètres. Des bronzes d'ameublement destinés à une pièce petite, très éclairée, exigent un fini particulièrement délicat, alors que dans une vaste galerie ils s'accommodent beaucoup mieux d'une facture large et grasse, avec des profils fortement accentués et de généreux reliefs.

XI. — ENFIN, LA NATURE DES SUJETS REPRÉSENTÉS DOIT ÉGALEMENT S'HARMONISER AVEC LE DEGRÉ D'ÉCLAIRAGE ET DE TEMPÉRATURE AUQUEL LA DÉCORATION EST ORDINAIREMENT SOUMISE.

Dans le choix et dans l'interprétation de ses sujets, le décorateur est encore tenu à d'autres précautions, découlant de la température et de l'éclairage de la pièce qu'il est chargé d'embellir. Des effets de nuit, par exemple, sont

1. Voir notamment, dans la salle des terres cuites, le plafond de Steuben représentant *Henri IV après la bataille d'Ivry;* dans celle des vases à figures noires, le plafond représentant *François Ier armé chevalier par Bayard;* dans la salle des fresques, l'*expédition d'Égypte,* etc.

assez mal placés sur un mur et dans un appartement destinés à recevoir une abondante lumière. Le contraste entre l'obscurité cherchée et l'éclairage des parties avoisinantes ne peut produire qu'un résultat discordant. De même il est quelque peu malséant de figurer un paysage glacé avec des arbres couverts de givre ou de neige, sur la muraille d'une salle à manger ou d'un boudoir, appelés par leur destination à jouir en tout temps d'une atmosphère tempérée.

Mais, nous l'avons déjà dit, il arrive souvent que le choix des sujets n'est pas laissé au décorateur; et ces motifs mal appropriés lui sont imposés par la personne dont il tient la commande ou par son architecte. Dans ce cas, notre artiste peut résoudre le problème en donnant à la scène qu'il représente un aspect suffisamment conventionnel. Lui demande-t-on de figurer les *Saisons :* il symbolisera l'*hiver* sous la forme d'un vieillard accroupi et se chauffant, d'enfants entourant un foyer, ou, si cela paraît un peu vieillot, il dessinera de gracieux patineurs, comme le fit Watteau (voir fig. 12), mais en prenant soin d'envelopper la scène d'arabesques qui assignent à cette représentation un caractère exclusivement décoratif. Exige-t-on qu'il prenne pour sujet de sa décoration une série d'actions se reliant entre elles, empruntées à la fable, à l'histoire ou au roman, et comprenant des épisodes qui s'accordent mal avec la clarté ou la température de la pièce : il aura soin d'enfermer chacun de ses épisodes dans un cartouche agréablement dessiné; et en isolant ainsi sa composition, il évitera le désaccord fâcheux que produirait le voisinage immédiat de parois soumises à un éclairage plus intense ou à une température différente.

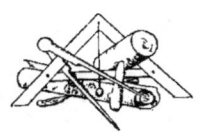

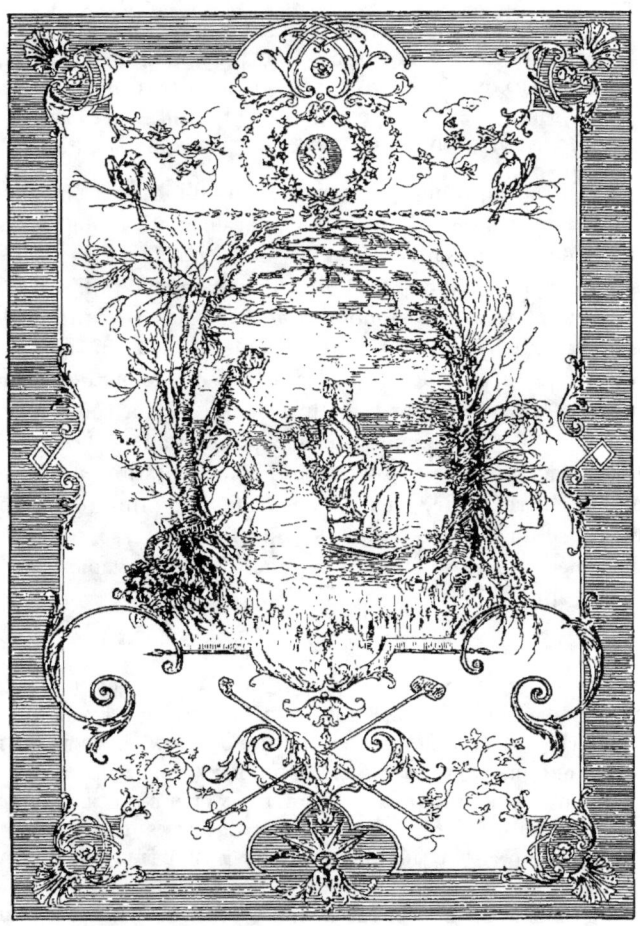

Fig. 12. — Panneau de tapisserie représentant l'*hiver*, composition d'A. Watteau.

XII. — INDÉPENDAMMENT DE CES RÈGLES GÉNÉRALES ET DES EXIGENCES D'ÉQUILIBRE, DE PONDÉRATION, D'AGRÉMENT, AUXQUELLES TOUS LES ARTS PLASTIQUES DOIVENT RÉPONDRE, LES ARTS DE LA DÉCORATION SONT TENUS A L'OBSERVATION DE CERTAINES CONVENANCES SPÉCIALES.

Les prescriptions que nous venons d'indiquer sont surtout dictées par le bon sens et par le goût. Indépendamment de ces premières règles, les arts de la décoration sont encore soumis à certaines exigences d'équilibre dans la composition, de pondération dans la disposition des masses principales, d'agrément dans l'exécution, auxquelles, du reste, tous les arts plastiques sont tenus de se conformer. En outre, par la nature même de son rôle, qui est d'orner, d'embellir une surface préexistante, et d'établir un accord entre cette surface et l'ornementation qu'elle est appelée à recevoir, l'art du décorateur est obligé de tenir compte d'un certain nombre de conditions accessoires, qu'on désigne sous la dénomination générale de convenances. Ce terme spécial mérite d'être défini.

XIII. — ON DONNE, DANS LES ARTS DE LA DÉCORATION, LE NOM DE CONVENANCES AUX RAPPORTS EXACTS QUI DOIVENT EXISTER ENTRE LA DISPOSITION GÉNÉRALE DE LA DÉCORATION ET LES PROPORTIONS DE L'OBJET OU DE LA SURFACE DÉCORÉS; ENTRE LA NATURE ET LA DESTINATION DE CET OBJET OU DE CETTE SURFACE ET LA FAÇON DONT LA DÉCORATION EST EXÉCUTÉE.

La mission du décorateur étant de se renfermer dans les limites exactes qui lui sont imposées, il est de toute évidence, ainsi que nous l'avons déjà expliqué, qu'il doit harmoniser sa décoration avec la forme et les dimensions de l'objet ou de la surface qu'il est chargé d'embellir. Il lui faut, de plus, disposer son ornementation de façon qu'elle en souligne les principaux contours, qu'elle mette bien en évidence les grandes lignes, les divisions essentielles, les dispositions caractéristiques. Il est encore obligé de bien choisir avec soin ses procédés et ses moyens de décoration, et de tenir compte, dans leur emploi, de la nature de l'objet ou de la surface confiés à son talent. En un mot, il doit s'efforcer de créer un lien tel entre le décor et la chose décorée, que ceux-ci paraissent former non seulement un ensemble harmonieux, mais un tout homogène, irréductible et tel que l'esprit ne songe jamais à les concevoir séparément. Ces devoirs délicats et variés constituent ce qu'on est accoutumé de désigner sous le nom de Convenances.

XIV. — Lorsqu'un objet comporte une destination précise; lorsqu'il a été conçu et exécuté dans un but d'utilité; surtout lorsque sa principale raison d'être résulte de l'usage qu'on en fait, le désir de l'embellir ne doit jamais contrarier ce but ni déguiser cette raison d'être.

Indépendamment des devoirs que nous venons d'énumérer, il en est d'autres encore qui incombent au décorateur. Celui-ci doit, notamment, tenir le plus grand compte de l'emploi habituel, de l'usage, de la destination de l'objet ou de la surface dont l'ornementation lui est confiée. Rien, dans l'invention et la disposition de son ornementation, ne doit déguiser, dissimuler, faire oublier cette destination ou cet usage; surtout lorsqu'ils sont la raison d'être de l'objet décoré. Ainsi l'artiste qui, chargé de la composition d'une pendule ou de la décoration d'un cadran d'horloge, dispose son modèle de telle manière que les indications de l'aiguille soient difficilement visibles ou que la constatation de l'heure nécessite une recherche, un effort, cet artiste commet un contresens. Dans quel but, en effet, et pour quel usage construit-on les pendules et les horloges? C'est pour connaître la marche du temps. L'unique raison d'être de ces appareils est de nous permettre de suivre et de contrôler facilement cette marche. Tout ce qui vient à l'encontre est donc fâcheux et condamnable, même lorsque l'artiste, comme dans notre figure 13, est parvenu à composer un groupe charmant, qu'il a exécuté ensuite dans les matières les plus rares et les plus précieuses.

Prenons un autre exemple. Nous demandons à un sculpteur en bois de confectionner un tabouret de salon. Il fait ce tabouret carré, à quatre pieds, suivant les principes de son art; et pour plus de solidité, il relie les quatre pieds par un croisillon; puis il dispose sur ce croisillon — dans l'entre-jambe par conséquent de son tabouret — le motif principal de son ornementation. Eh bien! notre sculpteur commet, lui aussi, une hérésie contre le bon sens, car il perd de vue l'usage et la destination du meuble qu'on lui demande. Celui-ci, étant construit pour servir de siège, ne peut être placé que sur le sol; il sera, par suite, considéré de haut, et dès lors sa partie décorée, si elle est disposée entre les pieds, demeurera forcément invisible.

XV. — LA BEAUTÉ DANS LES ARTS PLASTIQUES RÉSULTANT DE L'INTRODUCTION DE LA VARIÉTÉ DANS L'UNITÉ, TOUTE DÉCORATION BIEN COMPRISE DOIT ÊTRE UNE, ET POUR CELA PROCÉDER D'UN PARTI PRIS CLAIREMENT INDIQUÉ, AVEC UN POINT DE DÉPART UNIQUE.

Il n'est pas besoin, croyons-nous, d'insister sur ce fait qu'une décoration, pour être agréable, doit comporter une certaine variété. Lamothe-Houdard, auquel nous devons un vers célèbre, a eu raison d'écrire :

L'ennui naquit un jour de l'uniformité.

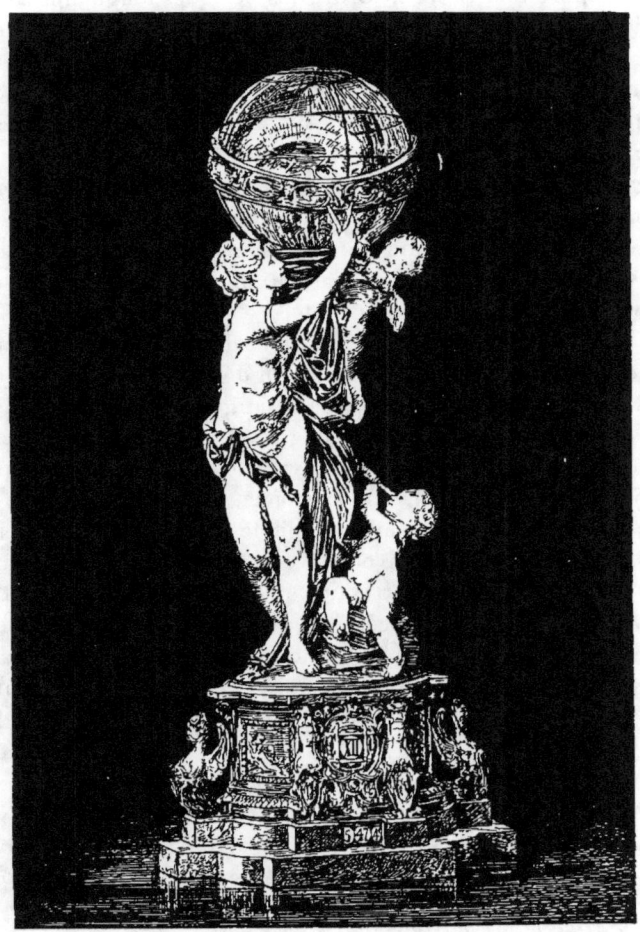

Fig. 13. — Petite pendule de boudoir en ivoire, or et argent émaillé, exécutée par MM. Bapst et Falize.

« Une longue uniformité, ajoute Montesquieu[1], rend tout insupportable. Le même ordre des périodes longtemps continué accable dans une harangue ; les mêmes nombres et les mêmes chutes mettent de l'ennui dans un poème. » Pour rentrer dans l'ordre d'idées que nous étudions et pour ne citer qu'un exemple, une chambre, un salon, un boudoir, qui, du parquet à la corniche — meubles, tapis, plafond et murailles — seraient d'une seule couleur et d'un même ton, paraîtraient d'une désespérante monotonie. La variété est donc nécessaire, indispensable, comme le disait fort bien Reynolds[2] : « Elle réveille l'attention, qui languit facilement par une trop grande uniformité. »

Mais qui dit variété ne dit point désordre, et les diverses parties d'une même décoration doivent se rattacher les unes aux autres, sinon par de fatigantes répétitions, du moins par de piquantes analogies. L'unité, en effet, n'est pas moins nécessaire que la variété. C'est elle seule qui permet de concevoir un spectacle dans son ensemble : « Une bataille a de l'unité, quoique composée de milliers d'objets et d'actions diverses, écrit avec beaucoup de raison l'Italien Milizia[3]. L'action principale est le résultat de toutes les actions particulières considérées comme épisodes ou incidents. » — « Comme dans les pièces dramatiques, une seule action remplit toute la scène, ajoute l'abbé de Marsy, auteur d'un poème latin consacré à la peinture[4] ; de même il faut, dans un tableau, observer l'unité d'action, et que cette unité, en frappant les yeux, fixe d'abord l'imagination. » Dans la décoration il n'en va pas différemment, et les diverses parties, tout en comportant une variété suffisante pour que la monotonie en soit

---

1. *Essai sur le goût.* Voir *Œuvres complètes*, tome VII, p. 138.
2. *Œuvres complètes du chevalier Josué Reynolds*, déjà citées. Voir tome 1ᵉʳ, huitième discours.
3. *L'Art de voir dans les arts*, traduit de l'italien de Milizia ; Paris, 1798, p. 47.
4. *Pictura carmen, auctore F. M. Marsy*, p. 261.

bannie, doivent être combinées, cependant, de manière à produire un seul et même effet, une impression unique.

La nature, au surplus, guide précieux de l'artiste, nous fournit de nombreux exemples de cette variété dans l'unité, qui, pour être moins sanglants qu'une bataille ou moins composés qu'un drame, n'en sont pas moins décisifs. Prenez une fleur, une rose par exemple. Certes, voilà un objet qui est *un;* cependant rien n'est plus varié que les éléments dont se compose cette rose. Les pédoncules, les pétales, les pistils, forment autant d'organes particuliers et diffèrent même entre eux au point qu'on n'en pourrait peut-être pas trouver deux qui soient identiques. Malgré cela, l'analogie crée entre ces éléments si variés un lien tellement étroit, que personne n'aura jamais la pensée de contester l'unité de la rose.

Faisons mieux. Prenons dix, vingt, trente roses; faisons-en un bouquet. Chacune des roses choisies par nous aura sa constitution propre. Elles présenteront toutes des différences de taille, de couleur, de nuance, de forme, de maturité. Cependant, en dépit de ces dissemblances, l'analogie sera suffisante pour que notre bouquet soit *un*. Mais mélangez à cette touffe de fleurs naturelles des fleurs artificielles, des nœuds de ruban, des objets de métal, l'analogie cesse et l'unité disparaît.

Dans la décoration et dans l'ameublement, les choses se passent de la même façon. Si la variété est nécessaire, l'unité dans la conception et dans l'arrangement n'est pas moins indispensable; et cette unité ne peut se produire qu'à une seule condition : c'est que toute la composition découle d'un point de départ unique. Aussi ne faut-il pas hésiter à adopter dès le principe un parti bien déterminé, et une fois ce parti pris, on doit y rattacher tout l'ensemble de la décoration, aussi bien les lignes principales que les faits accessoires.

XVI. — LA DÉCORATION D'UNE SURFACE OU D'UN OBJET PEUT DÉCOULER DE SA FORME MÊME ET FAIRE CORPS AVEC ELLE ; ELLE PEUT PROVENIR, AU CONTRAIRE, DE L'ADJONCTION D'ORNEMENTS MOBILES OU INDÉPENDANTS DE LA FORME GÉNÉRALE, ET SUPERPOSÉS A CELLE-CI.

Lorsque le décorateur est appelé à prendre un parti, la forme (surface ou objet) qu'il est chargé d'embellir exerce naturellement sur son choix une influence considérable. C'est elle qui fournit le thème sur lequel son esprit va s'exercer ; elle détermine les limites de son intervention, et par ses divisions principales elle commande forcément la localisation et la disposition générale du décor. Aussi le comble de l'habileté et du bonheur pour l'artiste consiste-t-il, — lorsque la chose est possible, — à trouver le point de départ de son ornementation dans la forme même de la surface ou de l'objet, et à faire découler la décoration tout entière de cette forme. Prenez un flambeau Louis XV (voir fig. 14) ; toute son ornementation procède de la torsion donnée à sa tige, c'est-à-dire qu'elle naît, en quelque sorte, spontanément de la structure de ce flambeau. De même pour ces délicieuses formettes qui garnissent les fenêtres de nos églises ogivales. Mais cette bonne chance échoit rarement à l'artiste, et le plus souvent celui-ci doit se borner à surajouter à des formes préexistantes une suite d'ornements indépendants, et qui ne se rattachent à l'ensemble de la construction que par une communauté de pensée ou de style.

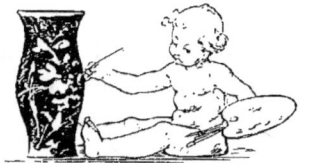

XVII. — Lorsque la décoration découle de la forme générale, elle présente toujours un caractère d'homogénéité, d'ampleur et surtout d'unité que ne saurait avoir une ornementation surajoutée.

Il n'est pas nécessaire, croyons-nous, d'insister sur le caractère d'homogénéité, d'ampleur et surtout d'unité qu'offre une décoration lorsqu'elle prend son point de départ dans la forme même de la surface ou de l'objet qu'elle a pour mission d'embellir. Ce sera l'éternel honneur de la France d'avoir vu naître, grandir et se développer chez elle deux styles très puissants, très personnels, répondant à des besoins ou à un idéal très différents, qui n'ont rien de commun entre eux et qui résolvent, cependant, ce difficile problème : le *style ogival,* improprement nommé style gothique, et le *style rocaille.* Il est impossible, en effet, quand on contemple une de ces admirables efflorescences de pierre qui ont jailli de notre sol,

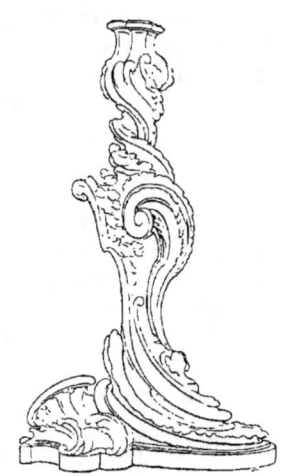

Fig. 14. — Chandelier rocaille composé par Meissonnier. Exemple de décoration naissant de la forme même de l'objet.

entre le commencement du xiiie siècle et la fin du xve, de nier que l'ornementation de ces monuments, quelque riche, quelque abondante qu'elle puisse être, découle tout naturellement de la construction et fait absolument corps avec cette dernière. On ressent une impression analogue lorsqu'on étudie les beaux meubles et les riches lambris sculptés entre la fin du xviie siècle et le milieu du siècle suivant. Le décor se marie si bien aux contours qui le limitent et l'enserrent ; il y a entre eux une concordance si absolue ; l'ornementation, faite de rinceaux à la fois souples et solides, s'associe d'une façon si parfaite à la structure de ces tables, de ces consoles, de ces fauteuils, qu'à première vue l'on se demande auquel, du constructeur ou du décorateur, il faut faire l'honneur de la conception initiale de l'ouvrage.

Tous deux, en effet, auraient un droit égal à notre admiration si, en ces époques particulièrement fécondes, constructeur et décorateur ne se confondaient en un seul et même artiste. Au lieu de demander à un collaborateur de décorer plus ou moins heureusement la construction qu'il élève, le créateur de l'œuvre a construit du premier jet et sans effort une décoration.

XVIII. — PAR CONTRE, LORSQUE LA DÉCORATION PROCÈDE DE LA SUPERPOSITION D'ORNEMENTS INDÉPENDANTS, ELLE PEUT OFFRIR UN ASPECT PLUS VARIÉ, OBÉIR A UNE INTERPRÉTATION PLUS LIBRE, MARQUER PLUS DE FINESSE OU DE SOMPTUOSITÉ ; MAIS, QUELQUE ORIGINALE QU'ELLE PUISSE ÊTRE, ELLE NE PRÉSENTE NI LA MÊME SAVEUR, NI SURTOUT UNE AMPLEUR AUSSI GRANDE.

Si un exemple était nécessaire pour attester la vérité de cette proposition, nous invoquerions le témoignage de la Renaissance. Les artistes de cette époque brillante et féconde ne visèrent point à produire tout d'une pièce un art absolument nouveau. Ils commencèrent par accepter bravement les formes que l'usage avait consacrées, et quand ils éprouvèrent le besoin de renouveler ces formes, c'est en remontant vers un passé très lointain, en demandant à ce passé leur propre inspiration, en lui empruntant ses grandes lignes, ses proportions, ses formules, qu'ils arrivèrent à créer ces gracieux compromis qui, à force de recherche et de grâce, s'imposent encore à notre admiration. Puis ils rajeunirent

LA DÉCORATION

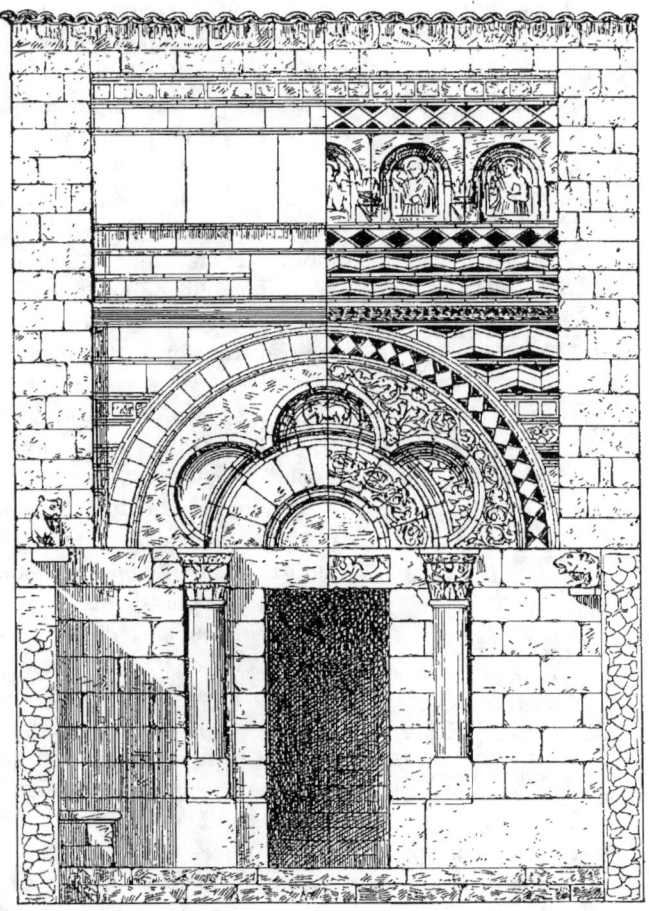

Fig. 15. — Porte d'entrée de la chapelle Saint-Michel, au Puy.
Architecture romane.
Exemple de décoration surajoutée.

ces réminiscences par la juxtaposition d'ornements dessinés avec une sûreté singulière de goût, avec un rare bonheur d'invention, avec un raffinement particulier d'élégance, qu'on n'a pas dépassés depuis. Mais il est facile de s'apercevoir que cette charmante décoration ne fait point corps avec les formes principales, et que, tout en respectant celles-ci, on pourrait modifier, enlever, remplacer la plupart de ces motifs exquis, sans que, sinon la beauté, du moins le caractère général de l'œuvre se trouvât transformé d'une façon essentielle.

Ce que nous venons de dire de la Renaissance peut s'appliquer à d'autres styles éclos à des époques bien distantes. La période romane affecte avec moins d'éclat et de grâce, mais avec encore plus de puissance, cette indépendance de la décoration ; et l'ornementation surchargée, parfois même prolixe, qui s'incruste dans les lignes si fermement écrites de ceux de nos vieux monuments remontant à ce temps lointain, ne tient à leur structure par aucun lien précis. Le constructeur a bien indiqué la hauteur du chapiteau, la largeur des frises, la courbe des archivoltes ; mais le décorateur, s'emparant de ces surfaces, en a fait son champ d'activité propre. Il a pris du coup toute la responsabilité de son travail, et les imbrications, les jeux de fond, les reliefs plus ou moins accentués qu'il développe sur ces surfaces, constituent une

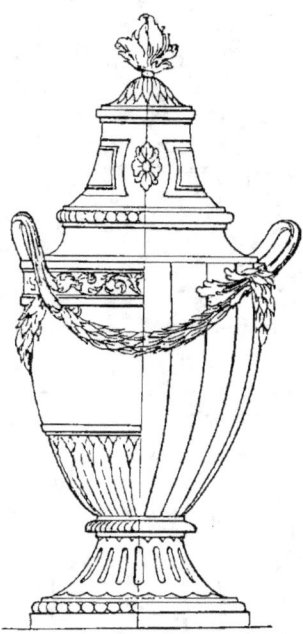

Fig. 16. — Modèle de vase en argent, tiré de l'album de R. de Cotte (Bibl. Nat.)

œuvre dont il peut revendiquer l'entière propriété (voir fig. 15). Il en va de même pour cette période charmante de notre ameublement, qu'on appelle le style Louis XVI. La délicate parure de ces meubles exquis se rattache à leur charpente par des nœuds tellement lâches que, presque toujours, l'auteur a pris soin, dans son croquis initial, d'indiquer lui-même divers motifs qui peuvent indifféremment s'inscrire dans les parties réservées à l'ornementation (voir fig. 16).

Cette décoration surajoutée est susceptible d'une grande somptuosité. C'est à elle qu'appartiennent les merveilleux bronzes de Boulle, dont le superbe éclat fait si magistralement chanter les placages d'ébène, d'étain et d'écaille. C'est à elle que nous devons ces frises ciselées avec un art si parfait, ces mascarons, ces guirlandes et ces chutes pour lesquelles Chancelier, Prieur, Delarche, Hervieu, l'illustre Gouthière et les frères Thomire épuisèrent les ressources de leur incomparable ciselet. Mais si riche, si délicate qu'elle puisse être, elle ne comporte jamais cette ampleur magistrale, cette saveur généreuse, cette mâle beauté, et surtout cette logique qu'offre à nos yeux une ornementation découlant de la forme même.

XIX. — QUELLES QUE SOIENT SA RICHESSE ET SA MAGNIFICENCE, LA DÉCORATION SURAJOUTÉE NE DOIT JAMAIS FAIRE OUBLIER L'OBJET QU'ELLE EST CHARGÉE D'EMBELLIR.

La décoration surajoutée présente encore un autre inconvénient, surtout lorsqu'elle est magnifique : celui d'absorber l'attention, de reléguer, par conséquent, au second plan l'objet qu'elle a pour mission d'orner. Comme exemple on peut citer nombre de vases céramiques montés, au siècle dernier, avec des bronzes ciselés et dorés, et qui ne doivent leur énorme valeur qu'à l'extrême finesse et à l'admirable beauté de leurs montures. C'est là un véritable contresens, puisque, par une transposition regrettable, l'accessoire est ainsi devenu le principal. Ce danger, au surplus, apparaît fréquemment dès qu'on a recours à une décoration indépendante. Certains monuments construits à l'époque de la Renaissance nous captivent par l'exquise délicatesse de leur ornementation, au point qu'il devient malaisé de voir l'édifice dans son ensemble. Pour certains meubles du xviie siècle, pour les armoires et les cabinets de Boulle, il en est de même. Leur somptuosité ornementale est telle, qu'ils semblent n'avoir été exécutés que pour fournir un prétexte à décoration. Jamais l'excès, l'abus de la parure ne furent poussés plus loin. Le rôle de cette dernière, cependant, doit être d'orner, d'embellir, de donner plus d'éclat, mais en aucun cas elle ne doit faire oublier ou reléguer au second plan la personne ou l'objet qui la porte.

XX. — ENFIN, IL EST ENCORE INDISPENSABLE QUE LA DÉCORATION, TOUT EN FAISANT VALOIR LA FORME GÉNÉRALE D'UN OBJET, N'EN RENDE PAS L'USAGE DANGEREUX OU DIFFICILE.

Une telle recommandation devrait être, semble-t-il, quelque peu superflue, et cependant combien de décorateurs inexpérimentés contreviennent à ce précepte si sage ! Combien de lits, de chaises, de guéridons, sont *enrichis* de bronzes dorés présentant des aspérités cruelles au toucher, parfois même dangereuses ! Combien de fauteuils, de tabourets, de tables et d'écrans sont surchargés de sculptures dont les reliefs accrochent les robes, déchirant guipures et dentelles ! Et combien il arrive souvent que des chocs douloureux nous font regretter le culte trop exclusif de certains dessinateurs pour les angles droits ! Le rôle de la décoration, nous venons de le constater, est assurément d'embellir ; mais elle doit également se montrer hospitalière.

LA DÉCORATION   37

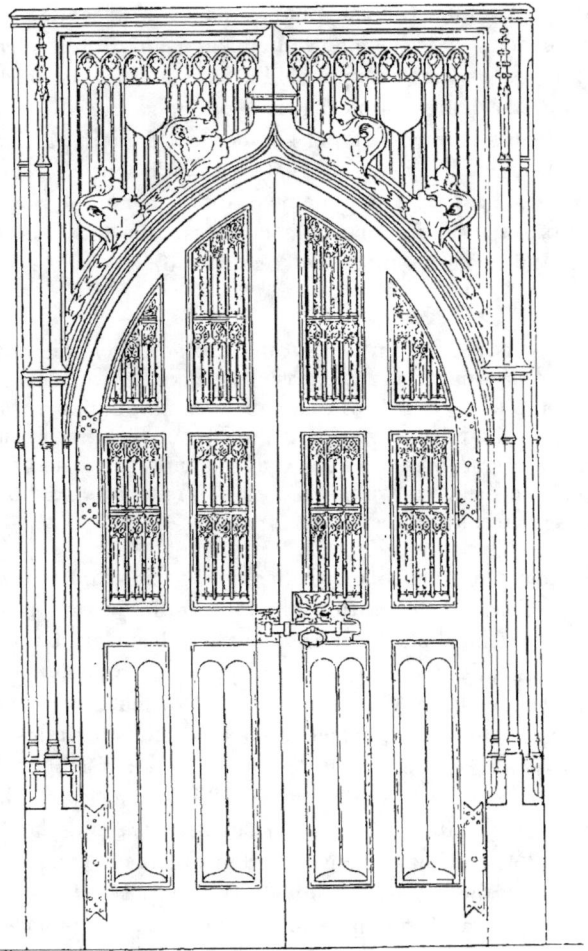

Fig. 17. — Porte du baptistère de Saint-Chamand.
Exemple des reliefs accentués réservés pour les parties hautes de la décoration.

C'est là une vérité que les Japonais ont admirablement mise en pratique. Il n'est, pour ainsi dire, presque pas un objet exécuté par ces merveilleux artisans, qui n'offre au toucher un charme inexprimable. Le métal même perd, en passant par leurs mains, sa froideur et sa dureté; il s'assouplit sous leurs doigts, et son contact devient particulièrement agréable. Peut-être est-ce là qu'il faut chercher le secret de l'extrême engouement qu'on témoigne pour les curieux bibelots importés de ce pays. En tout cas, leur indiscutable succès mérite qu'on en étudie les causes.

XXI. — DANS LES RELIEFS QUE COMPORTENT LES DÉCORATIONS MURALES, L'ARTISTE EST TENU, JUSQU'A LA HAUTEUR D'HOMME, D'AVOIR ÉGARD AUX EXIGENCES DU TOUCHER ; AU-DESSUS DE CETTE HAUTEUR, L'ŒIL REPREND SES DROITS, ET LE DÉCORATEUR REDEVIENT LIBRE D'ACCUSER COMME IL L'ENTEND LES SAILLIES QUE SON ORNEMENTATION COMPORTE.

Cette règle est encore de celles qu'il ne faut jamais perdre de vue. Dans la décoration d'une muraille, jusqu'à la hauteur où l'homme peut couramment atteindre, c'est le toucher qui commande. On doit, en conséquence, éviter autant que possible tous les angles aigus, tous les ornements qui, s'accusant par des lignes brisées, par des reliefs dentelés, diamantés, étoilés, présentent des pointes ou des aspérités, et risquent de froisser l'épiderme ou de blesser en cas de chute. Passé cette hauteur, cette préoccupation n'a plus la même raison d'être. C'est ce qu'ont admirablement compris les décorateurs de la période ogivale (voir fig. 17). Il est à remarquer, en effet, que presque toujours ces imcomparables artistes ne commencent à couvrir leurs édifices de ces végétations de pierre dont ils se sont montrés si prodigues, qu'à une certaine élévation accessible seulement aux regards.

XXII. — Les surfaces et les objets susceptibles d'être décorés étant en nombre infini, et chaque série de surfaces ou d'objets présentant, suivant sa nature et sa destination, une quantité de problèmes différents, il importe de réduire les règles qui permettent de résoudre ces multiples problèmes, a un nombre limité de principes généraux. Pour cela, il suffit d'observer que l'artiste, pour combiner et exécuter une décoration, n'a a sa disposition que des lignes et des couleurs.

La revue rapide que nous venons de passer de quelques-unes des précautions auxquelles on doit avoir égard, si l'on veut apporter dans une œuvre décorative un peu d'intelligence et de logique, laisse assez deviner que le nombre des problèmes avec lesquels le décorateur se trouve journellement aux prises est en quelque sorte infini. Ces problèmes, en effet, varient suivant le temps et les lieux, suivant la nature de chaque objet, suivant sa destination, et presque jamais ne se présentent deux fois dans des conditions absolument identiques. Indépendamment des architectes, des peintres, des sculpteurs et des dessinateurs de tout ordre, vingt corps de métier s'occupent de la décoration, et le point de vue de chacun d'eux diffère, comme aussi ses procédés et ses moyens d'action. Vouloir, non pas fournir des formules permettant de résoudre tous ces problèmes, mais seulement prévoir et énumérer la plupart des cas particuliers qui peuvent se présenter, serait assumer une tâche impossible à remplir. Afin de pouvoir raisonner utilement de matières aussi complexes, il est donc indispensable de trouver un terrain qui leur soit commun à toutes. Pour cela, il suffit de remarquer que l'impression produite sur nous par chacune des surfaces qui frappent nos regards, découle uniquement de la forme de cette surface et de la couleur qui habille cette forme. Au lieu de nous égarer a poursuivre la solution d'un nombre incalculable de problèmes fort étrangers les uns aux autres, nous nous bornerons à étudier les formes et les couleurs dans leur rapport avec l'ornementation. Cette étude, beaucoup plus simple, sera d'autant plus féconde, que le but poursuivi par les artistes est justement de créer une heureuse concordance entre ces deux éléments de toute décoration.

XXIII. — CHAQUE COULEUR, ET DANS CHAQUE COULEUR CHAQUE NUANCE, CONSIDÉRÉE SÉPARÉMENT, POSSÈDE UNE SIGNIFICATION SENTIMENTALE QUI CORRESPOND A UNE DISPOSITION SPÉCIALE DE NOTRE ESPRIT.

C'est là une sorte d'axiome que personne n'oserait contester, et les femmes moins que personne, car elles savent instinctivement tirer un admirable parti de cette constatation. Combien de jeunes filles, à peine au début de la vie, possèdent déjà ces curieux secrets et escomptent avec un rare bonheur le ragoût provoquant d'un ruban négligemment noué, ou les rutilances suggestives d'une rose attachée à leur corsage? La plupart des philosophes, les écrivains, les penseurs, se sont plu, en outre, à reconnaître que chacune des couleurs principales non seulement répond à une disposition spéciale de notre esprit, mais peut donner naissance, par sa contemplation, à des idées d'un ordre particulier. « Il est certain que les couleurs influent sur nous au point de nous égayer ou de nous attrister, » écrit Xavier de Maistre [1]. « Il y a des couleurs gaies et des couleurs tristes ; et ce n'est pas par pure convention qu'elles servent d'emblèmes à des sentiments, » écrit, de son côté, un artiste observateur, dans un livre rempli de vues ingénieuses [2]. C'est

1. *Voyage autour de ma chambre*, chap. XI.
2. Voir Laurens, *Études théoriques et pratiques sur le beau pittoresque*, p. 14.

cette même constatation, au surplus, qui faisait dire à Diderot que le dessin donne la forme aux êtres, tandis que la couleur leur donne la vie ; et à M. Charles Blanc que « la couleur joue dans l'art le rôle féminin, le rôle du sentiment [1] ». Vingt façons de parler, très expressives et d'un usage constant viennent, au reste, confirmer ces judicieuses remarques. Avoir des idées couleur de rose ; voguer dans le bleu ; voir rouge, etc., sont des locutions d'une clarté parfaite, et d'une éloquence telle, qu'on les retrouve à toutes les époques, dans toutes les langues, au nombre de ces expressions concrètes, chargées de rendre en quelque sorte visible ce qu'il y a de plus intime et de plus abstrait dans la conscience humaine. La raison de l'emploi universel de ces métaphores si hardies, fondées sur des analogies si déliées, a été donnée par un écrivain anglais. « C'est l'esprit qui voit, écrit M. Garbett [2]. L'œil se borne à lui présenter les objets, mais c'est l'esprit qui les discerne. Est-il possible que le blanc et le noir, la ligne droite et la ligne courbe affectent l'esprit, si ce n'est par l'idée qu'ils représentent ? » Aussi cette repercussion morale d'une impression purement physique a-t-elle été considérée comme un lointain écho « de l'antique harmonie qui existait jadis entre la pensée et la sensation, entre l'homme et la nature » [3].

XXIV. — LORSQU'UNE COULEUR OU UNE NUANCE SE TROUVE RAPPROCHÉE D'AUTRES COULEURS, SA VALEUR MORALE ET SA SIGNIFICATION DEVIENNENT PUREMENT RELATIVES.

La signification sentimentale des nuances n'est pas immuable et peut, dans certains cas, abdiquer tout caractère adéquat. Chaque couleur, en effet, tend à prendre des qua-

1. *Grammaire des arts du dessin*, p. 24.
2. *Rudimentary treatise on design.*
3. Renan, *de l'Origine du langage*, p. 122.

lités nouvelles ou à perdre celles qui la distinguent en propre, suivant le voisinage immédiat auquel elle se trouve soumise. Telle nuance peut paraître claire ou foncée, selon qu'on la rapproche d'une autre nuance plus foncée ou plus claire. Un bleu très tendre à côté d'un bleu sombre semblera gris, et vert le soir, si le soleil couchant l'éclaire. C'est ce qui faisait dire à un esthéticien poète[1] :

> Sachez bien opposer les couleurs à leurs fonds.
> Quelquefois sur un plan, qui ne peut être sombre,
> Une couleur sensible aura l'effet de l'ombre.
> Un objet pour l'accord n'est pas assez ombré :
> Vous le rendrez plus sourd par un fond éclairé.

Enfin nous verrons un peu plus loin qu'il existe entre les différentes couleurs, et même entre les nuances de ces couleurs, des affinités ou des répulsions naturelles qui, étudiées avec soin, sont d'un précieux secours pour le décorateur.

XXV. — COMME LES COULEURS, LES LIGNES ONT AUSSI LEUR LANGAGE. SUIVANT LEUR NATURE ET LA PLACE QU'ELLES OCCUPENT, SUIVANT LES CONTOURS QU'ELLES AIDENT A FORMER, ELLES PEUVENT IMPRESSIONNER NOTRE INTELLIGENCE ET PROVOQUER L'ÉCLOSION DE SENTIMENTS PARTICULIERS.

Ce que nous venons de dire des couleurs s'applique également aux lignes. Celles-ci possèdent une signification sentimentale moins évidente peut-être, mais dont l'artiste sait tirer un parti plus considérable encore, et qu'en tout cas il n'est permis à personne de méconnaître. Grâce à elles, le spectateur peut éprouver des impressions sublimes et d'autant plus extraordinaires que ces impressions sont obtenues par des moyens qui semblent en contradic-

---

1. Watelet, *l'Art de peindre*, poème ; Amsterdam, 1771, p. 32.

tion complète avec le résultat cherché. Spectacle invraisemblable ! C'est par l'entassement des blocs de marbre, de granit, ou de pierre de taille, qu'on arrive à produire en nous les sentiments les plus tendres et les plus élevés. C'est de la matière la plus pesante, la moins maniable, que se dégage, que jaillit ce qu'il y a dans l'imagination humaine de plus délicat, de plus enthousiaste et de plus éthéré. Par une inconcevable magie, les lignes parviennent non seulement à enlever leur matérialité aux substances les plus denses, les plus lourdes et les plus inertes, mais en produisant en nous des impressions à la fois vagues et cependant énergiques, elles arrivent à leur faire signifier des pensées obscures d'une tendresse indéfinissable et d'une impondérable suavité.

Résultat plus extraordinaire encore, les lignes nous représentent ce qu'il est impossible de voir, et même nous font voir le contraire de ce qui est représenté. « Si vous faites le portrait d'un nègre avec un crayon blanc, écrit Philostrate[1], le trait paraîtra certainement blanc, mais le nez aplati, les cheveux crépus, les joues saillantes, les lèvres épaisses, noirciront suffisamment l'image pour qu'aucune confusion ne se puisse produire. »

Il importe, toutefois, de constater que la surprenante impression produite par la contemplation des lignes n'a rien d'absolu. Il en est des formes comme des couleurs, dont l'effet se trouve modifié par des rapprochements plus ou moins avantageux. Les lignes, en effet, ne jouissent pas, comme l'a écrit M. Charles Blanc, de l'immuable privilège de conserver leur caractère, « quels que soient le moment et le lieu où on les regarde »[2]. La courbure d'un arc peut être fort belle en soi, majestueuse, émouvante, et perdre une partie de ses qualités par un voisinage malen-

1. Dans la *Vie d'Apollonius*, cité par Charles Blanc.
2. *Grammaire des arts du dessin*, p. 24.

contreux[1], ou paraître écrasée par l'insuffisance des pieds-droits qui supportent sa retombée. Deux courbes de même rayon, selon la position qu'elles occupent, suffisent à donner au galbe d'un vase un aspect absolument différent. Placées en dedans ou en dehors des lignes d'aplomb, formant un parallélogramme, elles donnent naissance, suivant le cas à une potiche ou à un cornet (voir fig. 18 et 19).

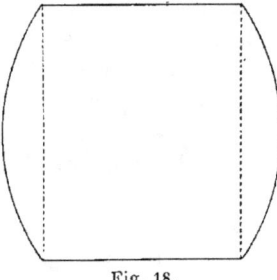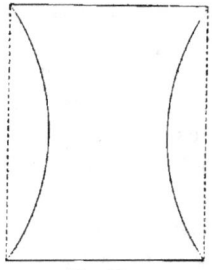

Fig. 18.   Fig. 19.

Ces quelques observations suffisent, semble-t-il, à montrer combien l'étude que nous commençons est à la fois intéressante et complexe; car ce n'est pas seulement de la signification propre des lignes et des couleurs que l'artiste doit se préoccuper. Il lui faut tenir compte aussi des rapports que ces lignes et ces couleurs peuvent avoir entre elles, et des règles qui gouvernent ces rapports.

1. Comme cela a lieu, par exemple, dans la façade de la gare du Nord, où la présence d'un rampant passant au-dessus d'un cintre, en déforme la courbe.

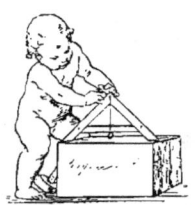

XXVI. — Indépendamment des idées qu'elle concourt a exprimer, étant réunie, combinée a d'autres lignes, chaque ligne possède une signification individuelle qui lui est propre. C'est ainsi que la ligne droite exprime des idées viriles et de résistance, la ligne courbe des idées de souplesse, d'union, de flexibilité, et que la ligne brisée, lorsqu'elle se rapproche de la serpentine, donne l'impression du mouvement et de la vie.

Avant d'aborder l'étude des règles qui gouvernent les rapports des lignes entre elles, il convient d'observer que chaque sorte de lignes produit sur notre esprit une impression suffisamment précise, pour qu'on puisse lui reconnaître une signification sentimentale particulière. Cette impression, il faut bien l'avouer, échappe souvent à l'analyse. Nous ne sommes plus ici dans le domaine de la pure logique, où tout s'explique et se déduit. Nous sommes sur le terrain de l'Art, c'est-à-dire du sentiment, où les émotions sont plus faciles à percevoir qu'à définir.

Bornant nos observations aux lignes fondamentales, nous constaterons que la ligne droite, soit qu'on l'envisage dans son acception morale, soit, au contraire, qu'on tienne seulement compte de sa disposition physique, évoque partout et toujours des idées de rectitude, de fermeté, de résistance, qu'on n'attribuera jamais à une ligne courbe, emblème par excellence de la souplesse et de la flexibilité. C'est là, au surplus, une sorte d'axiome, admis depuis l'antiquité la plus haute. M. Renan, dans un beau livre sur l'*Origine du langage,* nous apprend que dans la langue hébraïque « l'expression du bien se tire de la rectitude; celle du mal, de la déviation ou de la ligne courbe ». Pythagore, n'hésitait pas à reconnaître dans la ligne droite le symbole de l'unité et de l'infini, parce que, à bien prendre, il n'y a et ne peut y avoir qu'une seule ligne droite et que cette ligne est toujours semblable à elle-même, alors qu'aux yeux de cet illustre philosophe la ligne courbe représentait le fini, parce qu'elle tend, du moins en apparence, à revenir à son point de départ.

A maintes reprises et jusqu'en ce siècle, on a cherché à expliquer cette impression si particulière. Un écrivain anglais remarque ingénieusement, à ce propos, que les plantes et les animaux, dans leur enfance, offrent des contours arrondis, des formes onduleuses, qui gagnent en rectitude à mesure que les unes et les autres approchent de leur relative perfection. Il croit pouvoir expliquer de la sorte l'impression de délicatesse produite par les lignes courbes, et celle de maturité, de vigueur, qui résulte de la contemplation des lignes droites. L'explication donnée par Alison es- spirituelle, peut-être n'est-elle rien de plus. Elle n'est pas neuve, en tout cas, car, au siècle dernier, Diderot avait dit : « La ligne ondoyante est le symbole du mouvement et de la vie ; la ligne droite est le symbole de l'inertie ou de l'immobilité. C'est le serpent qui vit, ou le serpent glacé. » Un point toutefois demeure bien acquis : c'est qu'on ne peut refuser à la ligne droite une signification très personnelle, correspondant à un sentiment de vigueur et d'inflexibilité que n'exprimera jamais une ligne courbe.

Il est certain, en outre, qu'une ligne courbe décrivant ponctuellement sa trajectoire, — si l'on peut parler de la sorte, — évoque des idées de régularité, de noblesse, de majesté, que ne provoquera jamais la contemplation d'une ligne brisée, laquelle, procédant par saccades et par soubresauts, donne assez bien, lorsqu'elle est continue, l'illusion que produit toujours en nous la contemplation de la ligne ondoyante ou serpentine, c'est-à-dire l'impression du mouvement, et par conséquent de la vie.

XXVII. — SUIVANT LA PLACE QU'ELLES OCCUPENT ET LA FAÇON DONT ELLES SONT DISPOSÉES, LES LIGNES PEUVENT ENCORE PRODUIRE CERTAINES IMPRESSIONS SPÉCIALES. AINSI C'EST LE PROPRE DES LIGNES HORIZONTALES D'INSPIRER LE CALME, LA QUIÉTUDE, ET D'EXPRIMER LA DURÉE ; ALORS QUE LA CONTEMPLATION DE LIGNES VERTICALES ÉVEILLE, AU CONTRAIRE, DES SENTIMENTS DE TROUBLE ET D'EXALTATION POÉTIQUE.

Qui de nous, en visitant ces admirables nefs du Moyen Age, dont les multiples piliers s'élancent vers le ciel avec une incomparable hardiesse, n'a senti un monde de pensées mal définies bouillonner en soi, une émotion à la fois tendre et poignante le pénétrer et l'étreindre ? Qui de nous, à la contemplation de ces longues et frêles colonnettes, qui semblent monter indéfiniment et qui, après s'être allongées, étirées, consentent comme à regret à se joindre en une voûte aiguë, qu'on dirait située à des hauteurs vertigineuses, qui de nous ne s'est trouvé envahi par une sorte d'extase mystérieuse, par une douce poésie d'un charme indéfinissable ?

Qui de nous, en été, assis sur la plage et contemplant l'éternelle horizontalité de la mer, n'a éprouvé une quiétude bienfaisante et n'a senti un calme progressif qui s'emparait de tout son être, adoucissant les préoccupations, estompant les souvenirs et plongeant notre cerveau dans une bienfaisante atonie, dans une torpeur reposante ? Qui de nous n'a vu cent fois les gens de la côte, marins, pêcheurs, douaniers, stupéfiés par ce même spectacle, et demeurant des heures entières les yeux fixés sur la nappe infinie, sans témoigner le besoin de prononcer une parole, d'échanger une pensée ? Qui n'a constaté combien, au cours d'une longue traversée, toute lecture, tout travail de l'esprit, toute conversation même, nécessitent un effort pénible ?

Ainsi, sans avoir une perception nette du phénomène

qui se produit en nous ; sans que nous ayons conscience de la cause de ces émotions si contradictoires, il suffit de la contemplation persistante des longues horizontalités pour apaiser notre esprit et le pénétrer d'un vague sentiment de stabilité, de durée, de repos ; alors que la vue des lignes verticales développant en nous des impressions toutes contraires, donne naissance à une inquiétude vague et, entraînant à la fois notre regard et nos pensées vers des espaces mal définis, nous dispose à un doux mysticisme teinté de poésie.

C'est là une double constatation dont le décorateur intelligent peut tirer un puissant parti. Qu'on ne parle pas, en effet, de la grandeur du spectacle ou de la sainteté du lieu. Une rue interminable, avec ses rangées de maisons toutes semblables et soigneusement alignées, produit la même impression stupéfiante que l'Océan. Une montagne, un obélisque, un donjon, nous émeuvent presque autant qu'une église. Contemplez une colonne renversée ; votre esprit ne songera point à s'émouvoir. Redressez-la, soudain une certaine émotion succédera à votre placidité antérieure.

XXVIII. — PAR LA RÉPÉTITION, LA VALEUR ET LA SIGNIFICATION DES LIGNES S'AFFIRMENT ET SE CORROBORENT ; PAR LA CONTRADICTION, CETTE VALEUR ET CETTE SIGNIFICATION S'ATTÉNUENT ET S'ALTÈRENT.

S'il suffit de considérer une ligne horizontale comme celle que présente la mer, ou la verticalité d'un mât, d'une colonne, d'un obélisque, etc., pour éprouver une impression assez vive et très particulière, on remarquera que cette impression augmente d'intensité à mesure que les lignes verticales ou horizontales se font plus nombreuses et que, s'étendant parallèlement, elles constituent un faisceau plus fourni. C'est ce que les architectes du Moyen Age ont admirablement compris. Aussi, voulant accroître l'effet produit sur l'imagination de la foule par les lignes verticales de leurs édifices, ont-ils pris soin de multiplier celles-ci, alors qu'ils morcelaient avec acharnement les lignes horizontales.

Entrez dans une de nos cathédrales du xiv° siècle, supprimez par la pensée les seize colonnettes qui enveloppent chaque pilier ; rendez à la partie inférieure de celui-ci sa forme normale et primitive, brutale et carrée ; laissez, au contraire, les lignes horizontales s'étendre sur le nu des murailles et former de larges plates-bandes ; la signification de l'architecture deviendra très différente. Nos deux figures 20 et 21 qui, placées l'une sur l'autre, se recouvriraient exactement, suffisent à le démontrer. Au lieu de regarder la mer vide et infinie, contemplez l'Océan chargé d'une flotte dont les longs mâts découpent l'horizon, et vous éprouverez pareillement une sensible atténuation de l'impression première.

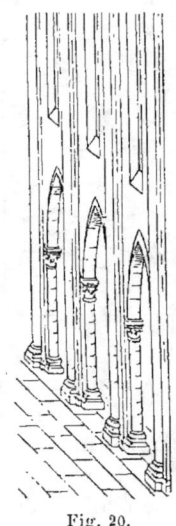
Fig. 20.

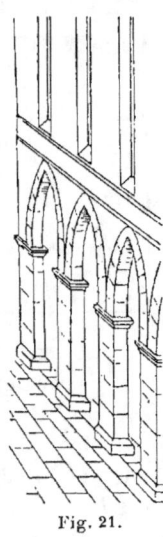
Fig. 21.

XXIX. — DIAGONALEMENT DISPOSÉES, LES LIGNES DROITES ONT AUSSI UNE SIGNIFICATION, ET, SUIVANT LA POSITION QU'ELLES OCCUPENT, PRODUISENT UNE IMPRESSION PARTICULIÈRE.

On peut dire de la ligne diagonale qu'elle tient le milieu entre la ligne horizontale et la verticale, et que, suivant l'inclinaison qu'on lui donne, sa signification personnelle présente des analogies avec celle de ces deux lignes dont elle se rapproche le plus. Ainsi, à mesure qu'elle se redresse, elle tend à prendre les qualités poétiques de la ligne verticale; à mesure, au contraire, qu'elle s'incline, elle donne davantage l'impression de tranquillité et d'apaisement, qui est le propre de la ligne horizontale.

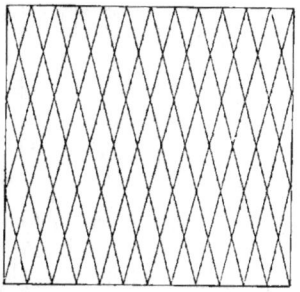 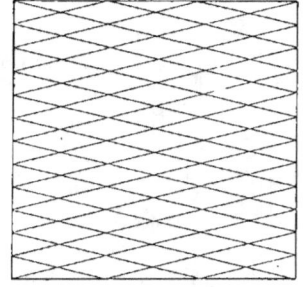

Fig. 22. Fig. 23.

Les diagonales, en outre, conservent cette signification lorsqu'elles sont coupées par le croisement d'autres lignes d'inclinaison égale. Ce croisement forme naturellement un certain nombre de losanges (voir fig. 22 et 23), et le caractère de ces losanges varie à son tour, suivant l'inclinaison plus ou moins marquée des lignes qui leur donnent naissance.

XXX. — L'ANGLE FORMÉ PAR LA RENCONTRE DE DEUX DIAGONALES CONVERGENTES PARTICIPE DU CARACTÈRE QUE CES DIAGONALES TIRENT DE LEUR INCLINAISON. PLUS L'ANGLE EST AIGU, ET PLUS IL SE RAPPROCHE, COMME SIGNIFICATION, DE L'IMPRESSION PRODUITE PAR LA CONTEMPLATION DES LIGNES VERTICALES. PLUS IL EST OBTUS, ET PLUS, AU CONTRAIRE, LES SENTIMENTS QU'IL EXPRIME MARQUENT UNE TENDANCE A SE CONFONDRE AVEC CEUX QUI RÉSULTENT DE LA CONTEMPLATION D'UNE HORIZONTALITÉ.

Un simple exemple nous permettra de démontrer la justesse de cette proposition. La constatation, au surplus, en est si facile qu'il n'est, pour ainsi dire, personne qui ne l'ait faite spontanément. Il suffit, en effet, de rapprocher mentalement le fronton de la Madeleine ou celui du Palais-Bourbon, de la flèche de la Sainte-Chapelle ou de celle de Notre-Dame, pour avoir une exacte notion de la dissemblance d'impression que peut produire l'inclinaison différente de deux diagonales convergentes. Autant l'angle obtus, qui sert d'amortissement aux premiers de ces deux monuments, exprime des idées de calme, de paix, de durée ; autant l'angle suraigu, qui termine les deux admirables flèches de la Cité, provoque des sentiments d'un ordre absolument contraire.

XXXI. — LES LIGNES COURBES, PAR LA NATURE MÊME DE LEUR STRUCTURE, SONT LOIN DE PRÉSENTER UN CARACTÈRE AUSSI PRÉCIS QUE LES LIGNES DROITES ; LEUR EXPRESSION, EN CONSÉQUENCE, EST MOINS FORTE ET MOINS PERSONNELLE.

Quelle est la caractéristique des lignes courbes ? C'est, nous l'avons dit, d'être souples et flexibles. Comme conséquence, quelle que soit la position qu'elles occupent, leur signification est plus conciliante, et par suite moins précise, moins accentuée que celle des lignes droites. En outre, quand deux lignes droites se rencontrent, elles forment un angle, et les angles, en arrêtant brusquement la lumière, donnent aux surfaces un aspect évident de carrure, de solidité, de résistance et d'énergie. Lorsque, au contraire, les surfaces s'arrondissent, le passage de la lumière à l'ombre et de l'ombre à la lumière s'opère graduellement. L'impression s'émousse, si l'on peut dire ainsi ; la sensation devient plus agréable sans doute ; elle est, en tout cas, moins sévère, moins nette, moins accentuée, moins grandiose. De là vient que le décorateur, lorsqu'il se propose de donner à sa composition un caractère mâle, énergique, vigoureux ;

lorsqu'il s'efforce de produire une impression puissante et durable, n'emploie les lignes courbes qu'avec une grande discrétion. Par contre, elles lui sont d'un grand secours pour relier les différents éléments d'une composition, et leurs allures conciliantes lui permettent souvent de raccorder des parties qui, sans cela, risqueraient de paraître désunies ou discordantes.

XXXII. — LORSQU'UN ARTISTE COMPOSE UN PROJET D'ÉDIFICE, OU LE DESSIN D'UN MEUBLE DONT LA BASE REPOSE DIRECTEMENT SUR LE SOL, IL NE DOIT EMPLOYER QU'AVEC BEAUCOUP DE CIRCONSPECTION LES LIGNES COURBES DANS LE SENS VERTICAL.

Pour des raisons analogues à celles que nous venons d'exposer dans la précédente proposition, les décorateurs apportent généralement une certaine réserve dans l'emploi des lignes courbes disposées verticalement. Ces lignes, en effet, par suite de leur naturelle souplesse et de leur apparente flexibilité, semblent peu propres à supporter quelque chose de pesant. Or, dans la décoration aussi bien que dans l'architecture, les lignes verticales limitent presque toujours les masses portantes; et il semble indispensable que la force de résistance des supports et des appuis apparaisse d'une façon bien visible. Aussi les décorateurs et les architectes, lorsqu'ils veulent ajouter quelque grâce à leur dessin, et quand ils croient, pour cela, devoir recourir à l'usage de lignes courbes disposées verticalement, ont-ils soin de rejeter ces lignes courbes en dehors du nu de leur construction, ou tout au moins des perpendiculaires indiquant leurs aplombs. C'est ainsi, par exemple, que, trouvant les ordres classiques trop austères et voulant enlever à leurs colonnes une partie de leur rigidité, certains architectes anciens ont eu l'idée de tenir celles-ci « plus grosses vers le milieu et de les diminuer vers les deux extrémités,

LA DÉCORATION 53

c'est-à-dire vers la base et vers le chapiteau, ce qui leur fait avoir comme un ventre qu'on appelle renflement[1] » (voir fig. 24). Par contre, il ne leur serait jamais venu à l'esprit d'élégir ces colonnes vers leur milieu, de façon que le fût, au lieu d'affecter un contour convexe, présentât un profil concave (voir fig. 25).

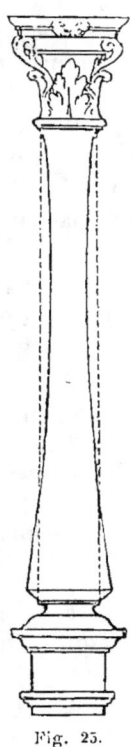

Fig. 24. — Fig. 25.

Les lignes courbes, en effet, ne sont vraiment à leur place dans le sens vertical, que lorsqu'elles semblent renforcer les lignes d'appui, comme font, par exemple, les consoles renversées servant de contreforts, ou les diverses moulures, ou anneaux, etc., dont on orne le fût des colonnes. Encore les Anciens, nos maîtres en ces matières, avaient-ils grand soin, lorsqu'ils combinaient leurs entablements, d'aligner ceux-ci avec le fût même de la colonne, sans tenir compte des courbes gracieuses décrites par les enroulements du chapiteau ionique, ou par les feuilles d'acanthe du chapiteau corinthien.

Dans la construction des meubles, les mêmes précautions sont à prendre. Les dessinateurs habiles, quand ils emploient des courbes dans le sens vertical, ont toujours soin

1. Perrault, *Ordonnance des cinq espèces de colonnes selon la méthode des anciens*; Paris, 1683, p. 20.

de développer ces courbes en dehors de leurs lignes d'aplomb. Même au xviiie siècle, où l'on abusa des contours assouplis, où les pieds de biche firent en quelque sorte fureur, on respecta ces prescriptions fondamentales, dont l'inobservance produit le plus fâcheux effet, car elle enlève au mobilier cette apparence de stabilité et de solidité, qui est une de ses qualités primordiales. Un seul exemple pourrait être cité, qui semble contrevenir d'une façon en quelque sorte systématique, à la règle indiquée dans cette proposition. C'est l'emploi des colonnes torses; mais on remarquera, d'une part, que ces sortes de colonnes n'ont guère été usitées qu'aux époques de décadence[1], et, d'autre part, qu'elles ont toujours été sévèrement condamnées par ceux qui ont écrit sur les Beaux-Arts. « N'est-ce pas le comble de la déraison, dit très sagement M. Charles Blanc, que de prêter une image serpentine à ce qui doit être l'image de la solidité? Donner l'apparence d'une spirale à ce qui représente un support! La seule idée en est effrayante, car il n'est pas de stabilité possible là où les supports cessent d'êtres rigides et verticaux. Il suffit même qu'ils cessent de le *paraître* pour que les principes soient violés ».

XXXIII. — PAR CONTRE, LES LIGNES COURBES SONT D'UN USAGE CONSTANT DANS LE SENS HORIZONTAL, OÙ ELLES FIGURENT GÉNÉRALEMENT AVEC BONHEUR. ELLES SONT AUSSI EMPLOYÉES AVEC PROFIT LORSQU'IL S'AGIT DE RÉUNIR LES LIGNES HORIZONTALES ET VERTICALES FORMANT UN PANNEAU OU CONSTITUANT UN CADRE.

Si la vibrante flexibilité des lignes courbes exprime mal l'idée de résistance qu'on exige généralement des contours

1. Il n'y a pas d'exemple de colonnes torses employées dans l'Antiquité classique. Les plus anciennes que l'on connaisse furent cédées par l'exarque de Ravenne Eutichius au pape Grégoire III. Elles ne remontent donc pas au delà du viiie siècle. Assez usitée dans la période romane; moins souvent utilisée durant la période ogivale; délaissée à

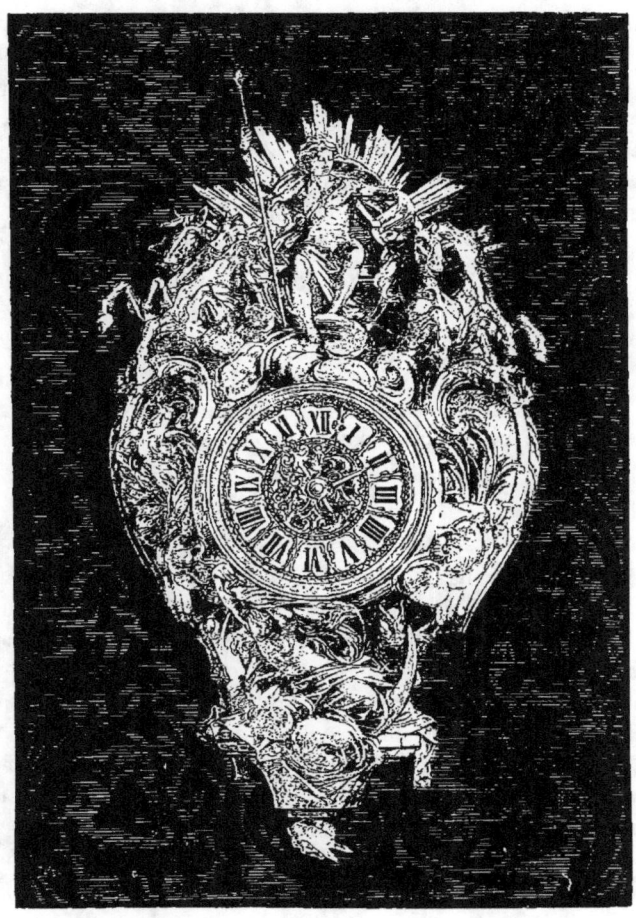

Fig. 26. — Cartel en argent ciselé se terminant en cul-de-lampe, exécuté par la maison Bapst et Falize.

verticaux, ces sortes de lignes, par contre, conviennent admirablement pour établir un lien entre deux lignes parallèles, qui, perpendiculaires au sol, risqueraient, sans leur intervention, de se prolonger indéfiniment et de ne se rencontrer jamais. On sait, au reste, quel rôle important, depuis l'invention de la voûte, les lignes courbes n'ont cessé de jouer dans l'architecture. Elles interviennent aussi fort heureusement dans la décoration, pour adoucir la sécheresse des angles droits, dont la solennelle raideur s'accorde mal avec le caractère conciliant de certains styles. Enfin, partout où la souplesse est désirable, leur emploi s'impose au décorateur.

XXXIV. — S'AGIT-IL D'UN CARTOUCHE, D'UN CARTEL OU DE TOUT AUTRE MEUBLE SUSPENDU, LES CONDITIONS D'APLOMB ET DE SUPPORT SE TROUVANT CHANGÉES, L'EMPLOI DES LIGNES COURBES DANS LE SENS VERTICAL NE PRÉSENTE PLUS LES MÊMES INCONVÉNIENTS.

Ce que nous venons de dire relativement au rôle et à l'emploi des lignes courbes ne s'applique qu'aux objets et aux surfaces qui, portant directement sur le sol, sont soumis à ce qu'on appelle l'*équilibre de station*. Il n'en va pas de même quand il s'agit de surfaces ou d'objets — cartels, médaillons, chutes, cartouches, tableaux, lampes, etc. — qui sont retenus en l'air, soit par un anneau ou un crochet fixé à leur partie supérieure, soit par quelque soutien invisible; ou encore de ces balcons, tribunes, tourelles, échauguettes, etc., édifiés en encorbellement. Ces sortes de constructions, d'objets ou d'ornements sont soumis à d'autres règles. Ils obéissent aux lois de l'*équilibre de suspension*. Leurs

l'époque de la Renaissance, la colonne torse réapparut au xviie siècle. Le cavalier Bernin s'en servit pour porter le baldaquin de Saint-Pierre de Rome. Gabriel Leduc lui donna accès au Val-de-Grâce, et Mansart aux Invalides; mais, malgré ces exemples fameux, elle n'a jamais été en grand honneur.

lignes verticales cessent dès lors de délimiter les masses portantes; et leurs contours inférieurs, ne devant jamais servir d'appui apparent, peuvent, sans inconvénient, s'inscrire dans une ligne courbe et affecter cette forme très caractéristique qui porte, dans les arts du dessin, le nom de *cul-de-lampe* (voir fig. 26).

XXXV. — Lorsqu'un objet est monté sur un pied, et lorsqu'il est formé d'une substance homogène (métal, céramique, marbre, etc.), c'est-à-dire lorsqu'il est fait ou paraît être fait d'un seul morceau, ses contours inférieurs peuvent, sans inconvénient, rappeler la forme de l'œuf ou de la sphère.

Tout objet posé sur un pied peut être considéré comme suspendu sur ce pied, et ses contours inférieurs peuvent, en conséquence, affecter une silhouette curviligne. Cette silhouette même ne manquera pas de produire un effet satisfaisant si notre objet est exécuté en une matière ductile, tenace, résistante, et s'il paraît pris dans une même masse et formé d'un seul morceau. C'est en tenant compte des qualités de la matière dont ils sont fabriqués, que l'œil prend plaisir à contempler les beaux vases de marbre, de faïence, de porcelaine, ainsi que ces pièces d'orfèvrerie, aiguières, coupes, saucières, etc., dont la partie inférieure dérive, comme forme, de l'œuf ou de la sphère.

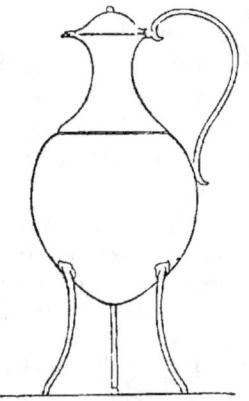

Fig. 27. — Exemple de forme ovoïde appliquée à un vase de métal.

XXXVI. — SI L'OBJET EN QUESTION EST PRODUIT AU CONTRAIRE PAR LA RÉUNION OU L'ASSEMBLAGE DE MORCEAUX DIFFÉRENTS, SA FORME GÉNÉRALE DOIT, DE PRÉFÉRENCE, PROCÉDER DU PARALLÉLOGRAMME, DU CÔNE OU DU CYLINDRE.

Mais quand l'objet dont il s'agit de délimiter le galbe, au lieu d'être pris dans une même masse et fait d'un seul morceau, est obtenu par la superposition ou la réunion de fragments séparés; lorsqu'il résulte, comme une colonne, par exemple, de tambours de pierre ou de marbre placés les uns sur les autres, ou, comme un coffre, de l'assemblage de pièces de bois unies avec plus ou moins d'art; dans ce cas, les formes recourbées, les contours participant à leur partie inférieure de l'œuf ou de la sphère, ne sauraient être considérés avec satisfaction. Ils dérouteraient l'œil, contrarieraient l'esprit, et le dessinateur accordera pour ces sortes d'objets une juste préférence aux formes qui se traduisent géométralement par un parallélogramme, ou à celles qui dérivent du cylindre ou du cône.

XXXVII. — AU SURPLUS ET D'UNE FAÇON GÉNÉRALE, LES LIGNES DE CONTOUR, QUI DONNENT L'APLOMB A UNE FIGURE OU A UN OBJET, DOIVENT VARIER SUIVANT LA MATIÈRE DONT CET OBJET EST FABRIQUÉ.

Chacune des matières employées couramment dans la confection des œuvres décoratives, possède un certain nombre de qualités spéciales et, comme corollaire, présente dans sa mise en œuvre des difficultés de traitement et des exigences de nature particulière, dont le décorateur est forcé de tenir compte. Il est clair qu'un artiste auquel on commande un modèle de vase, doit se préoccuper tout d'abord de la matière dans laquelle ce vase sera confectionné, et suivant qu'on lui demandera de le faire en céramique, en marbre ou en métal, il lui faudra proportionner les dimensions du pied, la largeur de l'embase, l'importance des points d'appui, le relief des contours, la finesse des profils, à la malléabilité, à la densité, à la résistance de la substance employée. Le galbe lui-même changera suivant la matière. (Voir fig. 28 et 29.) Ne serait-il pas malséant, par

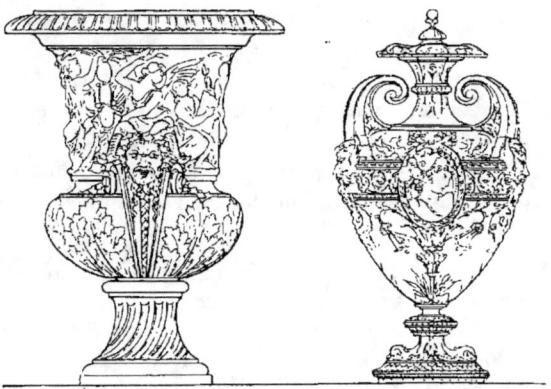

Fig. 28. — Vase de marbre.   Fig. 29. — Vase d'orfèvrerie.

exemple, de doter d'un goulot allongé un vase qui doit être exécuté en granit ou en porphyre. Bien mieux, sans sortir de la céramique, n'importe-t-il pas 'de savoir si c'est en porcelaine ou simplement en faïence que le vase commandé doit être façonné? La seconde de ces pâtes, en effet, se modèle avec un gras, une ampleur assouplie, que ne possède point la première, beaucoup plus ferme en ses contours, souvent même un peu sèche. La porcelaine, d'autre part, présente un précieux, un éclat, une netteté de profils, une délicatesse de coloration que la poterie ordinaire ne fournira jamais. De même le bronze et l'argent, qui, par suite de l'inégalité de valeur, sont traités de façons différentes, réclament aussi des contours différents. Enfin, il n'est pas jusqu'à la pierre et au marbre, — pour ne parler que de matériaux souvent confondus, — qui n'exigent des formes en rapport avec le grain, la résistance et la ténacité qui leur sont propres.

Le devoir du dessinateur lorsqu'il combine une forme, est donc de se pénétrer avant tout des diverses qualités qui distinguent la matière destinée à être employée, ainsi que des exigences spéciales auxquelles ces qualités correspondent. Il doit non seulement en tenir un compte suffisant dans ses modèles, mais encore si bien caractériser son dessin, qu'à première vue on devine de quelle espèce sera la pièce projetée. Il importe, en effet, qu'on n'ait point sous les yeux un de ces galbes universels qui, pouvant s'appliquer à toutes sortes de substances, ne conviennent à aucune.

XXXVIII. — LA LIGNE BRISÉE, SURTOUT LORSQU'ELLE SE RAPPROCHE DE LA SERPENTINE, EXPRIME LE MOUVEMENT, ET PAR CONSÉQUENT LA VIE. ELLE CONVIENT DONC PEU AUX DÉCORATIONS FIXES, PARCE QUE CELLES-CI, PAR LEUR NATURE ET PAR LEUR DESTINATION, EXPRIMENT DES IDÉES DE PERMANENCE, DE DURÉE, ET PAR SUITE D'IMMOBILITÉ. AUSSI NE DOIT-ON L'EMPLOYER QU'AVEC UNE CERTAINE CIRCONSPECTION ET EN ACCENTUANT, PAR UNE RÉPÉTITION SYMÉTRIQUE, SON CARACTÈRE DÉCORATIF, OU ENCORE EN AYANT SOIN DE L'ISOLER PAR UN ENCADREMENT.

Après avoir déterminé le rôle joué dans la décoration par les lignes droites et courbes, l'impression qu'elles produisent et la signification qu'elles comportent, il nous reste à dire quelques mots de la ligne brisée. Nous avons constaté que cette dernière, par sa constitution même, répondait à des idées de mouvement et d'agitation; dès lors il semble qu'elle soit assez mal venue à figurer dans une décoration fixe, condamnée par sa nature même à une immobilité permanente. Il est bien évident, par exemple, qu'un lambris, une corniche, une cheminée, qui font corps en quelque sorte avec la muraille, doivent présenter une continuité de surface, une apparence de stabilité et donner une impression de solidité, que la contemplation des lignes brisées ne saurait produire. Celles-ci, par les angles dont elles se hérissent, ne répondent, en effet, à aucune de ces idées. Aussi, dans le dessin des lambris, des corniches, des cheminées et même de la plupart des meubles, le dessi-

Fig. 30.

nateur, de préférence, se sert-il exclusivement de lignes droites et de lignes courbes.

L'usage, cependant, depuis la plus haute antiquité, a autorisé et même consacré l'emploi de certaines lignes brisées dans la décoration des bandeaux, des frises, etc. Ces lignes, devenues en quelque sorte classiques, et qu'on désigne d'une façon générale sous le nom de *grecques,* de *postes,* etc., sont ordinairement d'un effet agréable. Mais le décorateur a soin d'accentuer, par une répétition étroitement symétrique, leur rôle purement ornemental ; et le plus souvent, en les isolant par un encadrement il s'efforce de bien signifier qu'elles ne font point corps avec la masse de l'ouvrage, et qu'elles constituent un ornement simplement superposé.

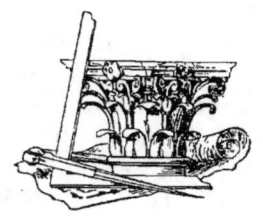

XXXIX. — Par contre, la ligne brisée joue un rôle important dans la décoration mobile. Elle s'impose même lorsque cette décoration résulte d'un groupement d'œuvres séparées ou d'objets indépendants l'un de l'autre.

Dans la disposition de la décoration mobile, les choses se passent d'une façon différente. Autant il serait ridicule

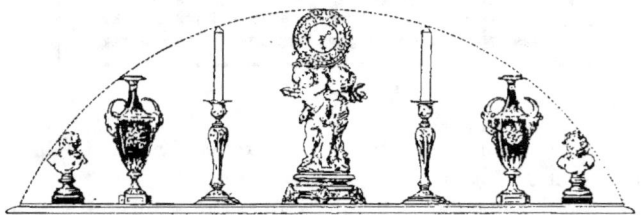

Fig. 31.

de briser, à l'aide de bossages, la tablette supérieure d'une cheminée et de lui donner l'onduleuse apparence d'une

Fig. 32.

mer agitée par la tempête, autant il serait maladroit d'établir un niveau régulier entre les divers objets qui décorent cette tablette, de façon que ces sommets s'inscrivent dans un arc de cercle ou forment une ligne droite parallèle à leur ligne de base (voir fig. 31 et 32). Une pareille régularité enlèverait tout caractère à la décoration; elle contrarierait l'esprit et blesserait les regards.

De même, lorsque l'on décore une pièce en suspendant à la muraille des armes, des faïences, des tableaux, il faut se garder, si le hasard veut que ces objets soient de même taille, de les disposer sur des lignes parallèles, correspondant aux principales divisions horizontales de la décoration.

Du moment qu'un certain nombre d'objets sont posés sur une paroi sans faire corps avec elle, il importe que leur caractère de mobilité soit clairement indiqué, accentué même par l'irrégularité des lignes décoratives que forment leurs contours extérieurs. Toutefois, si un seul plat, une statuette unique, ou un tableau se trouve accroché au milieu d'un panneau, il pourra se raccorder avec un autre objet de même nature, également isolé, placé sur un autre panneau, à la même hauteur, et de façon à lui faire pendant. Cela vient de ce que, dans ce nouveau cas, la ligne décorative se trouve interrompue, et que les deux objets ainsi séparés forment une équivalence symétrique, et non plus un ensemble.

XL. — LA LIGNE BRISÉE, ÉTANT LA REPRÉSENTATION GRAPHIQUE DU MOUVEMENT ET DE LA VIE, EXPRIME, SUIVANT LA DISPOSITION QU'ELLE AFFECTE, DES IDÉES DE TRISTESSE OU DE GAIETÉ.

Humbert de Superville, dans un ouvrage peu connu et rempli cependant de vues ingénieuses[1], démontre, à l'aide des trois figures ci-contre, qu'il suffit d'un certain déplacement des lignes fondamentales du visage humain, pour faire signifier à celui-ci des sentiments non seulement différents, mais radicalement contradictoires. Lorsque ces lignes sont horizontales (fig. 33) la physionomie exprime un repos parfait. Se relèvent-elles de façon à former un angle aigu dont la pointe est dirigée vers le sol, la physionomie (fig. 34) exprime une certaine gaieté. Lorsque l'angle dresse, au con-

1. *Les Signes inconditionnels de l'art.*

traire, sa pointe en l'air (fig. 35) les traits prennent un accent de désolation fort remarquable. La constatation faite par Humbert de Superville est-elle absolument nouvelle ? Assurément non. Mais au mérite d'être amusante elle joint l'avantage de préciser et de rendre saisissante une remarque que tout le monde a pu faire, sans en bien saisir l'intérêt et la portée.

Déjà, dans un précédent paragraphe (XXXe proposition) nous nous sommes préoccupé de l'impression produite par la contemplation des divers angles formés par la rencontre de deux diagonales; ici la démonstration est sensiblement

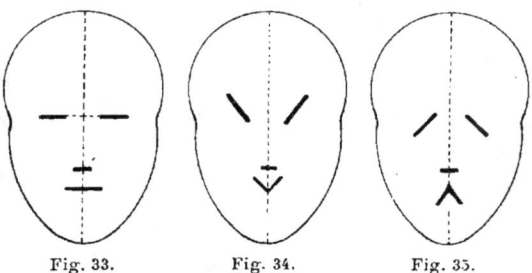

Fig. 33.   Fig. 34.   Fig. 35.

différente, car la ligne brisée symétrique n'emprunte pas, comme dans la proposition antérieure, sa valeur sentimentale à l'acuité plus ou moins grande de son angle central, mais, au contraire, à l'inclinaison plus ou moins accentuée des branchements qui s'éloignent le plus de cet angle. Pour le démontrer, élargissons le cadre de notre observation, et prenons sinon un homme, du moins un pantin, et au lieu de mouvementer seulement son visage, agitons encore ses bras. Grâce au double mouvement que présentent nos figures 36 et 37, nous obtiendrons des deux côtés de nos petits bonshommes des angles nouveaux qui conserveront à l'un d'eux son aspect désolé, et achèveront de donner à l'autre un air de contentement indiscutable. Dans chacune de ces figures, cependant, l'angle central est différent de celui qui donnait un caractère si frappant à notre démonstration précédente. On peut donc en déduire que la signification sentimentale d'une ligne brisée résulte exclusivement de la disposition de ses derniers branchements, et la preuve c'est que si nous appliquons une disposition analogue aux petites physionomies empruntées à Humbert de Superville,

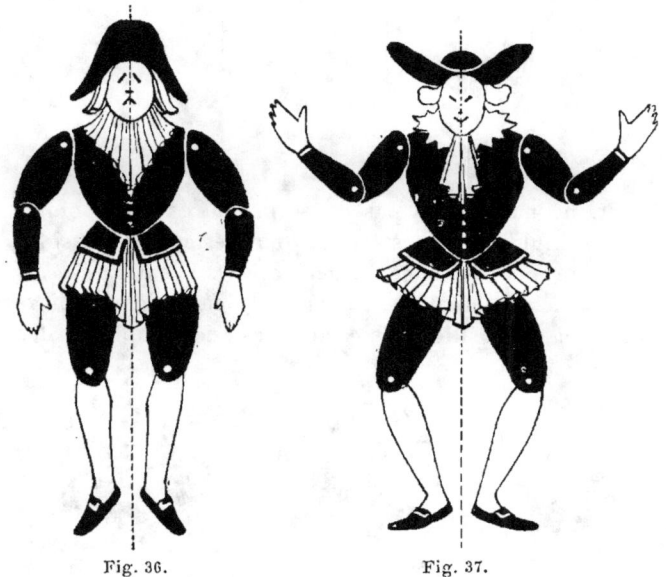

Fig. 36.   Fig. 37.

nous constaterons que leur expression n'est en aucune façon modifiée par l'adjonction de l'angle pointé qui relie dans chacune d'elles les deux lignes des yeux (voir fig. 38 et 39).

Que conclure de là, car toutes nos observations tendent à des résultats pratiques ? On en doit conclure que le décorateur chargé de mettre en place une garniture de cheminée, ou de grouper les divers objets destinés à décorer la tablette d'une console ou d'un meuble, s'il veut donner un air de gaieté à cette réunion d'objets, doit les disposer de façon que les branchements extrêmes de la ligne brisée formée par eux se redressent (fig. 43). L'impression contraire,

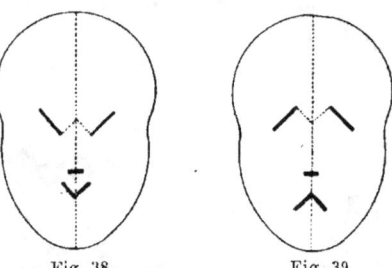

Fig. 38.   Fig. 39.

en effet, ne manquerait pas de se produire si les pointes des deux angles extrêmes étaient tournées en l'air, et si les derniers branchements se dirigeaient vers le sol (fig. 44).

Ces mêmes observations trouvent également leur application dans la disposition des cartouches, des trophées, des

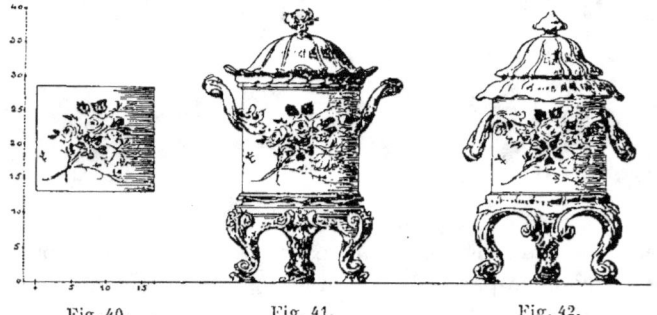

Fig. 40.   Fig. 41.   Fig. 42.

attributs, auxquels on peut communiquer, suivant qu'on le désire, un aspect gai ou lamentable. De même, par un décor surajouté, on arrive à donner à un objet de forme régulière et qui, par conséquent, n'a pas de caractère décidé (fig. 40), une apparence joyeuse ou morose (fig. 41 et 42). On peut pareillement, en tenant compte de ces remarques, atténuer le côté sévère de certaines lignes. Le ressaut qui marque le départ d'une rampe enlève à celle-ci un peu de la tristesse que présentent ses lignes parallèles se dirigeant vers le sol.

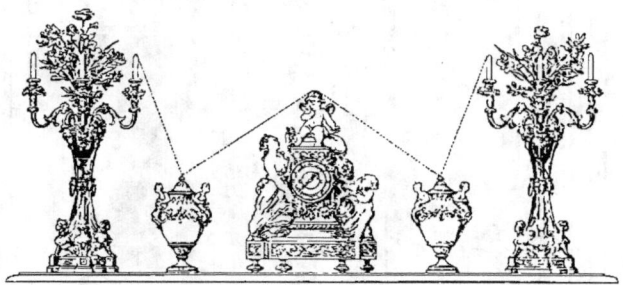

Fig. 43.

Les acrotères placés aux extrémités des frontons romains en corrigent l'austérité et ajoutent quelque gaieté à la façade. Cent exemples, au surplus, seraient à citer de l'emploi pour ainsi dire instinctif de cette règle, qui, croyons-nous, n'avait jamais été clairement formulée.

Fig. 44.

XLI. — DANS L'EMPLOI DES LIGNES BRISÉES IL FAUT ÉVITER AVEC SOIN TOUTE PROGRESSION ARITHMÉTIQUE, PARCE QUE, DÉPLAÇANT L'APLOMB, ELLE ROMPT L'ÉQUILIBRE ET DÉTRUIT LA SYMÉTRIE.

Supposons que nous ayons trois tableaux de largeur égale, mais de hauteurs différentes, et que nous nous pro-

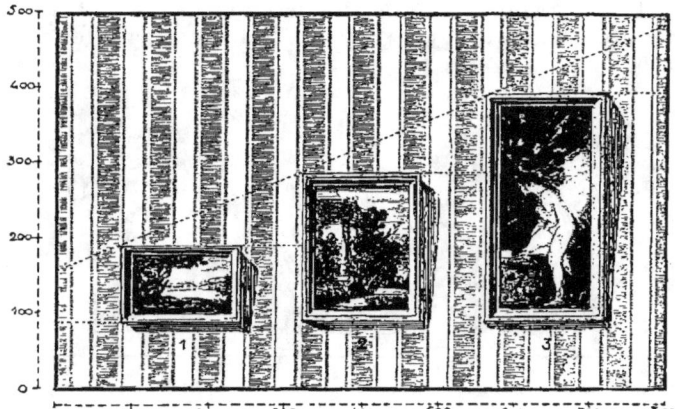

Fig. 45.

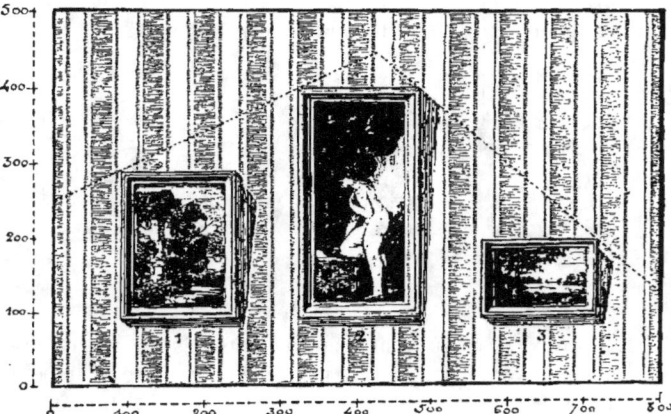

Fig. 46.

LA DÉCORATION

posions de loger ces trois tableaux dans un même panneau. Supposons encore que notre premier tableau mesure $0^m,33$ de hauteur, notre second tableau $0^m,66$, et que notre troisième tableau compte $0^m,99$, — ce qui constitue une progression arithmétique. — Comment disposerons-nous ces trois tableaux ? Nous éviterons avec soin de les placer dans un ordre progressif : 1° parce que, de la sorte, la ligne brisée formée par les sommets de nos cadres pourrait se ré-

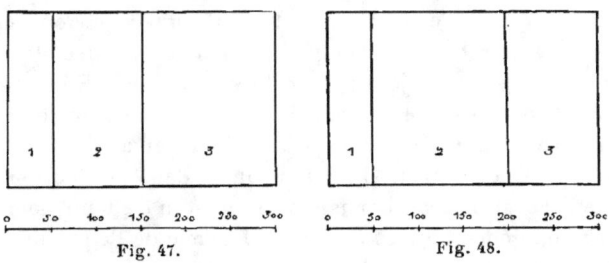

Fig. 47.   Fig. 48.

sumer dans une ligne droite, et qu'elle abdiquerait ainsi une grande partie de ses qualités vitales d'animation ; 2° parce que, formant une sorte d'escalier, cette ligne brisée ferait perdre tout aplomb à notre décoration (voir fig. 45). Tandis que si nous employons une autre disposition (voir fig. 46), notre ligne reprend ses qualités expressives, et la décoration retrouve un équilibre qu'elle avait perdu.

Cette remarque s'applique également aux surfaces verticales qu'on peut avoir à décorer. On nous donne un panneau à diviser en trois parties, répondant comme largeur à la progression arithmétique 1, 2, 3. Respecterons-nous l'ordre de cette progression ? En aucune manière. Nous aurons, au contraire, grand soin de le rompre, pour que la décoration de notre panneau présente une sorte de symétrie relative (voir fig. 47 et 48).

XLII. — LA SYMÉTRIE JOUE UN RÔLE CONSIDÉRABLE DANS LA DÉCORATION. ELLE PARAÎT EN QUELQUE SORTE INDISPENSABLE DANS LA DÉCORATION FIXE. DANS LA DÉCORATION MOBILE, ELLE EST MOINS NÉCESSAIRE.

« La raison qui fait que la symétrie plaît à l'âme, écrit Montesquieu, c'est qu'elle lui épargne de la peine, qu'elle la soulage et qu'elle coupe, pour ainsi dire, l'ouvrage par la moitié [1]. » Elle ne peut, en outre, manquer de nous être précieuse, parce qu'elle comporte des idées d'ordre, de méthode, qui sont toujours agréables à l'esprit. Enfin, elle donne à tout ce qui est exécuté conformément à ses lois un caractère définitif, qu'on ne saurait trouver aux choses où elle n'a point de part. C'est pourquoi, dans l'exécution de toute décoration fixe, l'artiste a grand soin de tenir compte de ses exigences. C'est à elle qu'il demande l'équilibre de ses lignes, la logique ordonnance de ses masses principales, le régulier développement de son ornementation. Dans la mise en place d'une décoration mobile, son intervention est moins nécessaire, surtout si l'on veut conserver à cette décoration un caractère familier et provisoire.

XLIII. — LES RÈGLES PRESCRITES PAR LA SYMÉTRIE S'IMPOSENT UNIQUEMENT DANS LE SENS DE LA LARGEUR, ET NON DANS CELUI DE LA HAUTEUR.

Ainsi que le remarque Pascal [2], notre œil, s'inspirant des exemples que lui fournit le corps humain, — lequel est sy-

---

1. Montesquieu, *Essai sur le goût* (*Œuvres*, tome VII, p. 140). — Il est bien entendu que le mot symétrie est pris ici dans son sens moderne, et non dans le sens que lui donne Vitruve et que nous traduirions aujourd'hui par proportions : « *Symmetria est ex ipsius operis membris conveniens consensus, ex partibusque separatis ad universæ figuræ speciem ratæ partis responsus.* » Voir l'*Architecture de Vitruve*; Paris, 1847, tome Ier, p. 44.
2. *Pensées*, XXV, 77 (édit. Havet).

métrique seulement dans le sens de la largeur, — ne considère pas comme indispensable la symétrie dans le sens de la hauteur. Pour la bonne disposition de son ornementation et la convenable répartition de ses masses, l'artiste a donc à se préoccuper exclusivement d'équilibrer sa composition en largeur. Il la concevra similaire à droite et à gauche de sa partie centrale, dissemblable en haut et en bas. De cette façon elle gagnera en imprévu ; elle sera régulière sans être uniforme. Elle présentera en même temps des contrastes et des accords, et possédera dans une unité rigoureuse une suffisante variété.

XLIV. — LA SYMÉTRIE EXISTE DANS LA DÉCORATION ET DANS L'AMEUBLEMENT NON SEULEMENT QUAND IL Y A PARITÉ, MAIS ENCORE QUAND LES MASSES S'ÉQUILIBRENT, ET MÊME LORSQUE L'ANALOGIE EST SUFFISANTE.

L'équilibre que la décoration est tenue de chercher dans le sens de la largeur ne s'obtient pas seulement — comme cela a lieu dans le corps humain — par « le rapprochement et la juste correspondance de deux parties semblables quoique inversement disposées[1]. » Il s'obtient encore par de simples analogies. Ainsi deux tableaux représentant des sujets divers et comportant des dimensions différentes peuvent se faire pendant, c'est-à-dire qu'ils peuvent concourir à la symétrie d'une décoration, parce qu'il

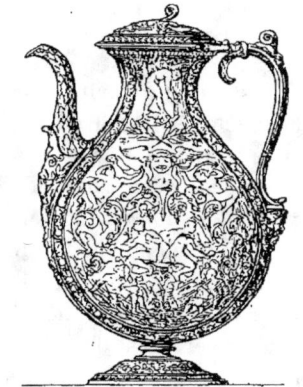

Fig. 49. — Exemple de symétrie obtenue par l'analogie des formes.

existe entre eux une analogie naturelle. De même une plaque

1. Levêque, *Science du beau*, tome II, p. 340.

de faïence de tonalité claire peut être considérée comme symétrique d'une aquarelle de même taille, parce qu'il y a entre leurs masses analogie de grandeur et de coloration (voir fig. 50). Ainsi de suite. Si de la décoration des surfaces murales nous passons à celle des objets mobiliers, nous trouvons à ces mêmes petits problèmes des solutions identiques. Supposons qu'un artiste soit chargé de composer, de dessiner un modèle de cafetière; pour que la symétrie soit irréprochable il faudrait qu'il gratifiât sa cafetière de deux anses et de deux becs. Cependant il n'a garde de le faire, et il se borne à équilibrer, dans la mesure du possible, ces deux membres différents, de façon à créer entre eux une analogie suffisante, constituant une sorte de symétrie.

XLV. — QUEL QUE SOIT LE PLAISIR QUE PROCURE LA SYMÉTRIE, SES EXIGENCES NE DOIVENT EN AUCUN CAS ATTÉNUER LA COMMODITÉ D'UN OBJET ET EN RENDRE L'USAGE MOINS FACILE.

C'est là une vérité à laquelle ne prennent point assez garde les décorateurs inexpérimentés. Sous prétexte qu'un salon a quatre portes, ils en simulent quatre autres par amour de la symétrie, et de la sorte une pièce qui était relativement commode devient inhabitable, à moins qu'on ne commette ce contresens de placer des meubles devant les portes qu'ils ont simulées. Ce que nous venons de dire à propos des portes a lieu également pour les glaces; et si deux ouvertures, deux trumeaux, deux panneaux, se faisant vis-à-vis ou pendant, n'offrent pas des dimensions identiques, il n'est pas d'artifices compliqués auxquels ces décorateurs novices ne recourent pour masquer cette inégalité, résultant quelquefois d'une nécessité de construction. Mais c'est surtout dans la création des objets de service courant qu'il faut se méfier de ces adjonctions savantes, qui, sous

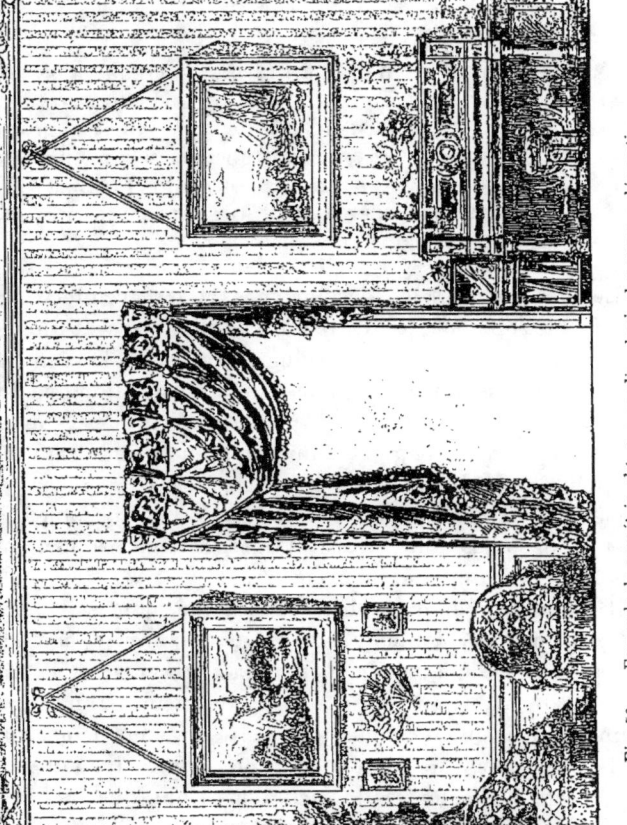

Fig. 50. — Exemple de symétrie obtenue par l'analogie des masses décoratives.

prétexte d'assurer à l'ornementation une symétrie dont elle n'a que faire, atténuent la commodité de l'objet au point de rendre parfois son usage impossible.

XLVI. — LA BEAUTÉ D'UN OBJET, D'UNE PIÈCE, D'UN ÉDI-
FICE, RÉSULTANT EN GRANDE PARTIE DE L'HARMONIE DE
SES PROPORTIONS, IL IMPORTE, AVANT TOUTES CHOSES,
DE RÉGLER LE RAPPORT EXISTANT ENTRE SES DIMENSIONS,
PARCE QUE C'EST DANS CE RAPPORT QUE RÉSIDENT, IN-
DÉPENDAMMENT DE L'ÉLÉGANCE, L'EXPRESSION ET SUR-
TOUT LE CARACTÈRE.

Les décorateurs, les dessinateurs et les architectes ne sauraient trop apporter d'attention à la juste observation de cette règle. Construit-on un édifice, trace-t-on le plan d'un hôtel ou d'un appartement, fixe-t-on la disposition que doit affecter l'ornementation d'un panneau, cherche-t-on, le crayon à la main, le galbe d'un vase, il importe avant tout de bien savoir à quelle destination ce vase, ce panneau, cet appartement, cet édifice, sont réservés. Chaque objet, en effet, doit comme dimensions et aussi comme proportions, répondre à l'emploi qui lui est assigné.

Il est clair, par exemple, qu'un salon, une salle, une galerie, appelés à contenir une société nombreuse, comportent plus d'étendue qu'une chambre à coucher, dont la mission est de n'abriter qu'un ou deux dormeurs. Il n'est pas moins évident qu'un cabinet de toilette, où nous demeurons seuls et où nous ne passons que de rapides instants, n'a pas besoin d'affecter les mêmes dimensions que la salle à manger, où deux fois par jour toute la famille se trouve réunie. Il est également indiscutable que la forme générale de ces pièces est réglée par des raisons de convenance et qu'elle doit s'harmoniser, elle aussi, avec leur destination.

Personne ne songera à contester qu'une galerie appelée à contenir une suite de tableaux ou d'objets d'art qui demandent à être contemplés successivement, ne puisse être, sans inconvénient, beaucoup plus allongée qu'un salon, dont l'œil doit d'un seul coup pouvoir embrasser l'ensemble. De même, certaines pièces sont tenues de se modeler, autant que possible, sur le meuble principal qui fixe leur utilité. C'est ainsi que les proportions de la salle à manger doivent dériver de celles de la table, et que le lit doit régler celles de la chambre à coucher.

Ce que nous disons des différentes pièces d'un appartement s'applique également aux divers membres d'un édifice, d'un meuble, d'un objet d'art. La destination finale doit décider des proportions, et, par une juste réciprocité, les proportions assignent à l'objet, au meuble, à l'édifice, son caractère. C'est grâce à la parfaite observation de cette règle si logique; c'est grâce à cette eurythmie, à cet accord, à ce *conveniens consensus,* pour nous servir du terme si heureusement employé par Vitruve[1], que Flachat put réaliser, dans sa conception des halles centrales de Paris, cette expression typique du marché, qui a fait de ces belles constructions le modèle de toutes celles qui ont été bâties depuis lors. C'est en s'inspirant de ces mêmes principes que les architectes Gilbert et Lecointe parvinrent à donner à la prison de Mazas cette expression rébarbative et cet aspect terrible qui laissent dans le souvenir une ineffaçable impression. De même on comprend qu'un objet mobilier, un vase, par exemple, s'il est d'un usage courant et par conséquent appelé à être manié journellement, doit présenter d'autres proportions que s'il est destiné à occuper un poste immuable, et, par une juste réciprocité, ces proportions doivent nous fixer à leur tour sur le rôle assigné à ce vase et sur sa destination.

1. *L'Architecture de Vitruve*, tome Ier, p. 44.

XLVII. — IL EST A REMARQUER QUE CHACUNE DES TROIS DIMENSIONS RÉPOND A DES SENTIMENTS PARTICULIERS : LA LARGEUR EXPRIME L'IDÉE DE STABILITÉ ; LA HAUTEUR, CELLE D'ÉLÉVATION ; LA PROFONDEUR, CELLE DE MYSTÈRE.

Les dimensions se traduisant graphiquement par des lignes, il n'est pas surprenant qu'elles aient, comme les lignes elles-mêmes, une signification précise (voir propositions XXV et suiv.). Selon qu'une des dimensions prime les autres, les lignes chargées d'exprimer cette dimension prennent, en effet, un développement plus considérable et, par suite, leur expression particulière augmente d'intensité. Un exemple rendra la démonstration plus saisissante. Supposons que nous ayons à édifier un monument religieux, une église ogivale, la Sainte-Chapelle, si l'on veut. Nous voici à l'œuvre. A mesure que notre construction s'élève, les lignes verticales, intérieurement aussi bien qu'extérieurement, prennent une importance de plus en plus marquée; par conséquent l'impression qu'elles produisent s'accroît progressivement, jusqu'à prédominer complètement, et à assigner à notre édifice ce caractère de majesté, de poésie, d'élévation, qui est le propre des lignes verticales et qui, du reste, convient merveilleusement à une construction religieuse. Supposons, au contraire, que nous soyons chargés de bâtir un édifice civil, la Monnaie, par exemple. C'est en largeur que le développement de notre construction se manifestera. Les lignes horizontales deviendront de plus en plus expressives, et alors les idées de solidité, de stabilité, prendront le dessus, répondant aux sentiments de durée et de confiance que doit inspirer un monument de ce genre. Enfin la profondeur intérieure s'accentue-t-elle d'une façon particulière à mesure que les surfaces limitant l'horizon s'éloignent, elles deviennent moins visibles, plus incertaines, par conséquent plus mystérieuses. Une relative obscurité vient rendre plus intenses encore les sensations qu'on éprouve. « La nuit, écrit Diderot[1], dérobe les formes, donne de l'horreur aux bruits; ne fût-ce que celui d'une feuille au fond d'une forêt, il met l'imagination en jeu, et l'imagination secoue les entrailles. »

Cette dernière impression, dont les Égyptiens ont tiré un si prodigieux parti dans la disposition de leurs hypo-

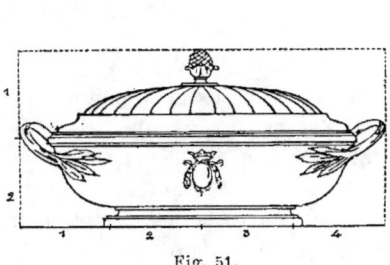
Fig. 51.

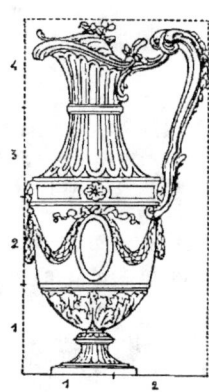
Fig. 52.

gées ; dont les Arabes se sont si admirablement servis dans l'édification de leurs mosquées, et nos architectes du Moyen Age dans la construction de nos cathédrales, cette impression de mystère cesse d'être utilisable quand il s'agit de la décoration de surfaces planes ou de la création d'objets d'ameublement. Mais il n'en est pas ainsi pour les autres dimensions, qui conservent très visiblement leur signification particulière. C'est ainsi qu'un orfèvre, par exemple, assignera à un vase un caractère d'élégance, de grâce, de distinction, en développant son galbe en hauteur, alors qu'en accentuant sa largeur, il lui donnera un

---

1. *Salon de l'année 1767.*

aspect trapu qui éveillera des idées de stabilité très sensibles (voir fig. 51 et 52). Ce que nous disons de l'orfèvre, on peut le dire du céramiste, du menuisier, ainsi que du décorateur chargé de la distribution d'ornements ou de l'aménagement de panneaux. On voit par là que ce doit être pour tous les artistes une de leurs premières préoccupations, que de bien régler les proportions des ouvrages qu'ils entreprennent, puisque ces proportions exercent sur le caractère final de chaque objet une influence capitale.

XLVIII. — LORSQUE LES DIMENSIONS SONT ABSOLUMENT CONCORDANTES, ELLES SE RACHÈTENT; DÈS LORS LEUR EFFET SE NEUTRALISE.

Cette préoccupation de bien régler les proportions des surfaces ou des objets qu'il est chargé d'embellir, s'impose d'autant plus au décorateur, que ces surfaces ou ces objets, pour présenter un caractère saisissant, ne doivent pas comporter des dimensions concordantes. Pour fixer notre pensée, supposons qu'un édifice, une pièce, un objet, figurent à nos yeux un cube parfait; quel sera le caractère de cet objet, de cette pièce, de cet édifice? Ils n'en auront aucun. Et, en effet, ils ne provoqueront en nous ni sentiment d'élévation, puisqu'ils ne paraîtront pas élevés; ni sentiments de durée et de stabilité, puisque leur largeur ne sera pas évidente; ni sensation mystérieuse, puisque la profondeur fera défaut. Leurs trois dimensions étant identiques, se rachètent et, produisant toutes trois une égale impression, se neutralisent. L'édifice, la pièce, l'objet, dont nous parlons ne possèdent qu'un seul des éléments de la beauté : l'unité. La variété leur fait défaut, et avec elle disparaît le caractère.

XLIX. — En sacrifiant une des trois dimensions, on accroît proportionnellement la signification des deux autres.

Mais il n'est pas toujours possible à l'artiste d'augmenter l'étendue des surfaces dont la décoration lui est confiée, et surtout de développer cette étendue dans le sens qui conviendrait, pour assurer à ces surfaces le caractère qu'on entend leur donner. Par contre, il est presque toujours loisible de diminuer les dimensions de ces surfaces, et par ce procédé on obtient aisément un résultat analogue à celui qu'on cherchait. Ainsi, à mesure que l'on rétrécit la largeur d'un panneau, sa hauteur, quoique restant la même, paraît grandir proportionnellement. Réduit-on, au contraire, sa hauteur, il semble que la largeur soit augmentée d'autant;

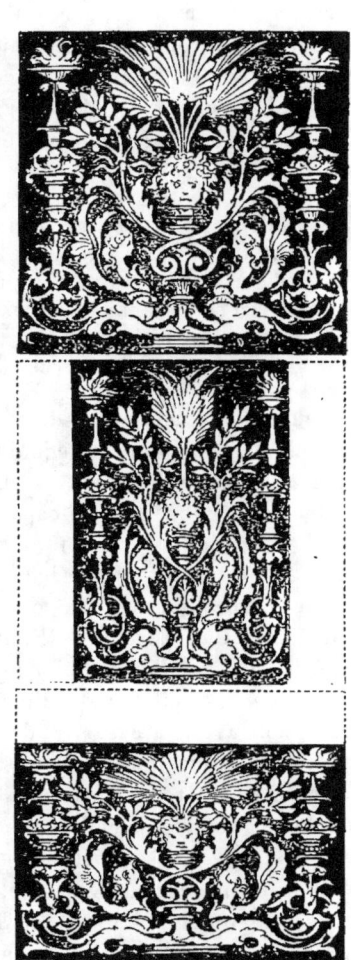

Fig. 53 à 55.

et de la sorte, à l'aide d'artifices ingénieux, le décorateur arrive à donner aux espaces qu'il a pour mission d'orner, un aspect se rapprochant de celui que leur destination réclame. Nos figures 53 à 55 montrent comment, en réduisant d'un tiers soit la hauteur, soit la largeur d'un panneau, on peut changer radicalement le caractère de son ornementation.

L. — LA BEAUTÉ DES ŒUVRES PLASTIQUES RÉSIDANT PRINCIPALEMENT DANS LA VARIÉTÉ ET DANS L'EXPRESSION, LE DESSINATEUR HABILE, POUR ASSURER A SA COMPOSITION CETTE DOUBLE QUALITÉ, SE GARDE AVEC SOIN DE DONNER AUX FORMES QU'IL INVENTE OU COMPOSE, DES DIMENSIONS CONCORDANTES.

Ce que nous venons de dire dans nos deux propositions précédentes, explique pourquoi le carré, — bien qu'il constitue une figure parfaite, — et la sphère, — bien qu'elle renferme la plus grande capacité dans le moindre contour, — sont aussi peu employés que possible dans les arts de la décoration. L'artiste habile se garde, en effet, de recourir à ces figures, parce que leur impeccable régularité leur enlève tout caractère. Il fait mieux encore. Il sait, par expérience, que l'œil a des exigences spéciales et que les surfaces n'ont, en fait de dimensions, que celles qu'elles paraissent avoir. Aussi prend-il soin, pour prévenir toute confusion, d'accentuer l'expression de ses lignes principales. Dessine-t-il un ovale, il fait bien attention que la courbure allongée de cet ovale soit franchement indiquée et ses deux foyers assez distants pour éviter tout rapprochement avec un cercle. De même, s'il trace un rectangle, il accusera nettement la longueur des grands côtés, pour que ce rectangle se distingue bien du carré. Par cette accentuation, il augmente et précise l'impression ressentie, et il prévient ces fâcheuses indécisions qui, atténuant l'effet produit, abâtardissent les formes et leur communiquent une banalité regrettable.

LI. — Lorsque l'objet dont il trace le galbe se compose de membres différents, ou lorsque cet objet comporte plusieurs parties, le dessinateur expérimenté évite soigneusement toute parité entre ces membres et ces parties.

Il importe pareillement, quand une forme se compose de plusieurs éléments, que l'un de ces éléments domine fran-

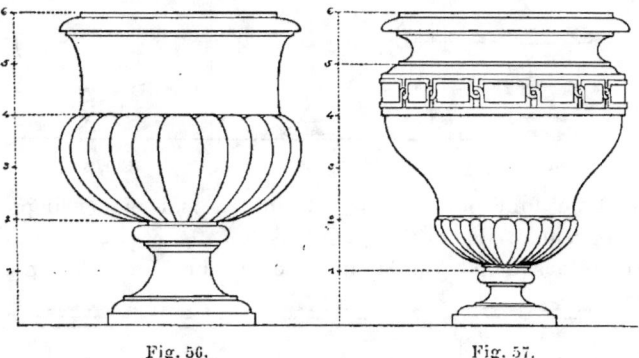

Fig. 56.   Fig. 57.

chement tous les autres et s'affirme soit en hauteur, soit en largeur ou en volume, de façon à enlever à l'œil toute hésitation, et à empêcher que l'intérêt ne soit également sollicité par les diverses parties de l'ouvrage (fig. 56 et 57).

Supposons que nous ayons à dessiner un vase à boire. Ce vase comporte trois éléments : le goulot, la panse et le pied. Suivant les nécessités du programme qui nous sera tracé, nous pourrons choisir un de ces trois éléments comme partie dominante, et, en donnant tour à tour l'importance décisive soit à la panse (fig. 59), soit au goulot (fig. 60), combiner des galbes présentant un certain agrément ; résultat qui ne saurait être atteint si nous octroyions à nos trois éléments des dimensions égales (fig. 58). Ce que nous disons ici d'un vase peut s'entendre d'un meuble quelconque, d'un flambeau, d'un balustre, d'un objet quel qu'il soit. Bien mieux, quand les éléments dont se compose cet

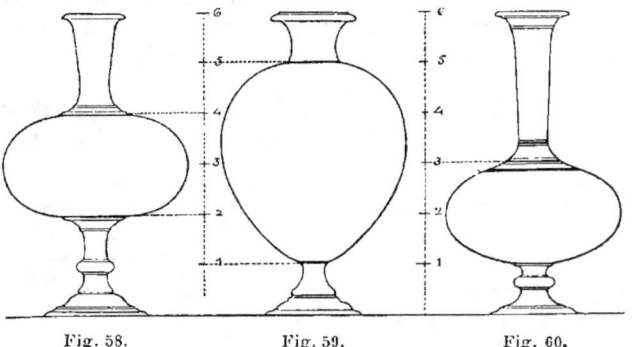

Fig. 58.   Fig. 59.   Fig. 60.

objet ne font point corps ensemble, mais sont simplement réunis, ils n'échappent pas à cette règle générale. Ainsi lorsqu'on gratifie un vase ou un objet d'art d'un

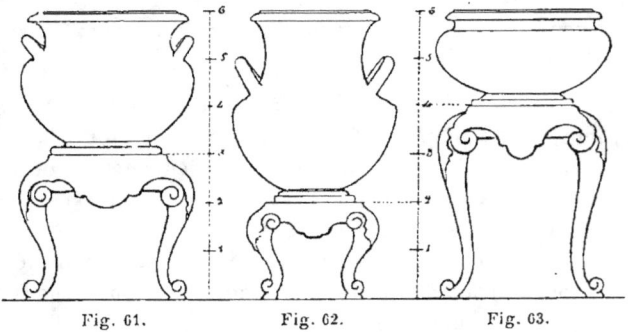

Fig. 61.   Fig. 62.   Fig. 63.

support, il est indispensable qu'un des deux éléments, support ou objet, domine franchement ; car l'égalité de hauteur entre les deux parties produit toujours une uniformité déplaisante (voir fig. 61 à 63).

LA DECORATION

LII. — DANS LA RÉPARTITION DE SES ORNEMENTS, LE DÉCORATEUR DOIT ÉGALEMENT PRENDRE UN PARTI, C'EST-A-DIRE ADOPTER UNE DIVISION DOMINANTE.

Ce que nous venons de dire des proportions générales d'un ouvrage, s'applique également aux ornements qu'on répartit sur sa surface. Pour donner à sa décoration un accent de franchise et pour éviter toute uniformité fâcheuse, l'artiste ne manque pas de prendre de suite un parti, et de

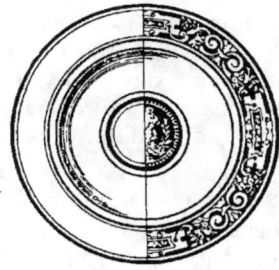 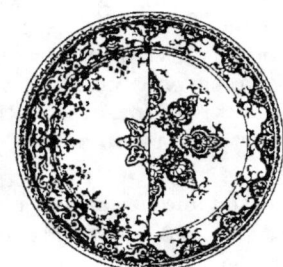

Fig. 64.   Fig. 65.

réserver une division dominante. Supposons qu'on nous demande de décorer de trois zones concentriques une assiette de dimensions moyennes, et supposons que le marli appelé à fournir l'une de ces zones, se trouve mesurer juste le tiers du diamètre total. Diviserons-nous (comme le montre notre figure 64) notre fond par moitié, de façon que nos trois bandes concentriques présentent une égale largeur? Assurément non, et soit que nous n'entourions l'ombilic de notre assiette que d'une légère dentelle, soit, au contraire, que nous recouvrions la plus grande partie du fond d'un décor rayonnant (voir fig. 65), nous aurons soin de tenir nos zones sensiblement inégales, de manière à enlever à notre décor toute indécision, et par conséquent toute monotonie.

De même, si nous avons à distribuer en diverses parties, la décoration d'une paroi de muraille, d'un panneau, d'un placard, d'une porte d'armoire, etc., nous nous arrangerons de façon qu'une division dominante, en retenant les yeux et en fixant l'attention, vienne donner à notre décoration une variété suffisante pour que la monotonie ne naisse pas de la conformité des proportions.

LIII. — IL EST A REMARQUER, TOUTEFOIS, QUE CE BESOIN D'UNE DIVISION FERMEMENT DOMINANTE SE FAIT SURTOUT SENTIR DANS LE SENS DE LA HAUTEUR. LA PARITÉ EN LARGEUR ENTRAÎNE, EN EFFET, UNE MONOTONIE MOINS SENSIBLE. NÉANMOINS LE DÉCORATEUR HABILE PREND SOIN DE L'ÉVITER, ET, AUGMENTANT AINSI LA VARIÉTÉ DE SON ORNEMENTATION, IL EN ACCROÎT LE CHARME.

Lorsqu'une décoration n'affecte pas une forme circulaire ou rayonnante, lorsqu'elle comporte une hauteur et une largeur distinctes, la nécessité de prendre un parti décoratif, c'est-à-dire d'adopter une division dominante dans la répartition de l'ornementation, ne s'impose que dans un sens, celui de la hauteur. La largeur, en effet, subissant les lois de la symétrie, peut supporter une division en parties égales, sans que l'œil s'en trouve choqué, et sans que l'agrément en soit par trop atténué. On n'a pas oublié, au surplus, ce que nous avons dit, dans notre proposition XLIII, des avantages qui résultent de la symétrie et du plaisir qu'elle cause. Mais de quelque secours qu'elle soit pour le décorateur, son abus risquerait de dégénérer en monotonie, si le dessinateur, aussi prudent qu'habile, tout en respectant ses principes, ne s'efforçait d'atténuer ses exigences. Il y parvient ordinairement au moyen des alternances; et, grâce à celles-ci, il introduit dans sa composition une variété et une richesse qui en doublent le charme. Les deux exemples que nous donnons ici (voir fig. 66 et 67), bien que leur décoration soit réduite à sa plus simple expression et résulte seulement de lignes parallèles, feront comprendre l'avantage de ces alternances et le parti qu'on en peut tirer.

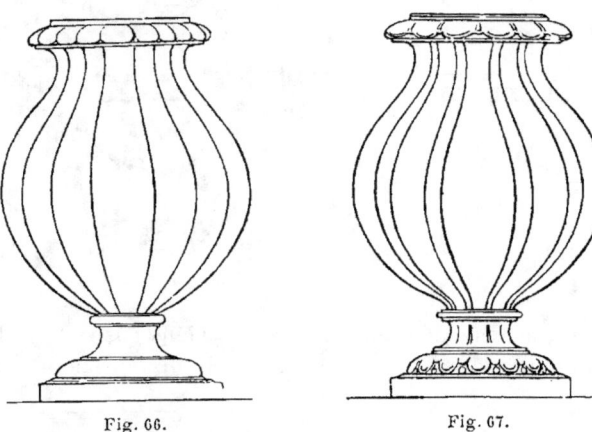

Fig. 66.   Fig. 67.

LIV. — Lorsque le décorateur est obligé d'orner une forme préexistante et d'une régularité absolue, il peut, a l'aide d'adjonctions plus ou moins considérables, atténuer ce que son diagramme présente d'impersonnel ou de monotone.

L'artiste, nous l'avons dit, n'est pas toujours chargé de créer une forme. Sa mission se borne parfois à décorer les objets dont le galbe ne peut être modifié. Lorsque ces objets ne comportent pas cette variété de proportions qui seule peut assigner à leur aspect général un caractère précis, il a recours à certains artifices, et parvient le plus souvent, à l'aide d'adjonctions plus ou moins importantes, à atténuer leur froideur et leur insignifiance. Prenons comme exemple la pomme d'argent absolument sphérique que représente notre figure 68. Sa forme est d'une indiscutable monotonie. Hé bien ! en l'agrémentant d'un pied, de deux anses, et en la surmontant d'un bouton, un orfèvre habile

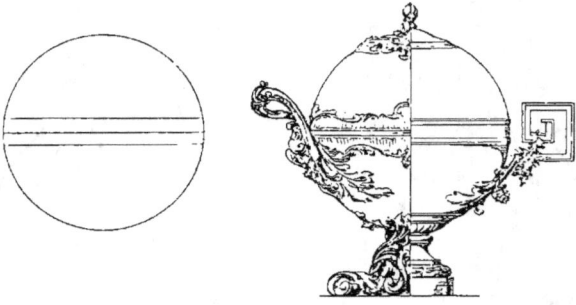

Fig. 68. Fig. 69.

arrivera facilement à lui donner la variété d'aspect qui lui manque (fig. 69). De même pour le cylindre en faïence que

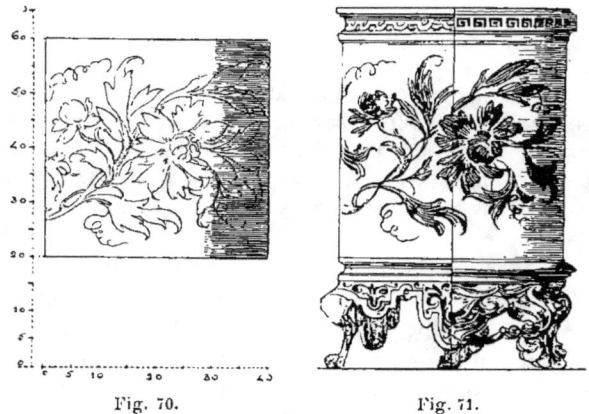

Fig. 70. Fig. 71.

représente notre figure 70, et dont la forme se traduit géométralement par un carré. Livrez ce cylindre à un bronzier intelligent; celui-ci, en le complétant d'un rebord et d'un pied, modifiera suffisamment ses proportions pour que son galbe cesse d'être monotone. Qu'il s'agisse d'un œil-de-bœuf ou d'une horloge, dont la rotondité régulière est parfaitement déplaisante, le décorateur se tirera aisément d'affaire à l'aide d'artifices du même genre. On peut voir, du reste, à la tour de l'Horloge du Palais de justice de Paris de quelle adorable façon le problème a été résolu au XVIe siècle.

LV. — LORSQUE LE DÉCORATEUR SE TROUVE EN PRÉSENCE D'UNE SURFACE DONT LA MONOTONIE NE PEUT ÊTRE MODIFIÉE PAR DES ADJONCTIONS, IL PARVIENT, GRACE A L'EMPLOI DE CERTAINS ARTIFICES, A CHANGER LA FORME APPARENTE DE CETTE SURFACE ET A EN TRANSFORMER LE CARACTÈRE ET L'ASPECT.

Nous venons d'expliquer, dans la proposition précédente, comment un artiste chargé d'embellir un objet préexistant parvient, lorsque celui-ci présente une régularité trop absolue, à dissimuler à l'aide d'adjonctions l'absence de variété résultant de proportions trop équivalentes. Mais il peut arriver que le décorateur soit empêché de recourir à ce moyen, et se trouve obligé de se renfermer dans des limites d'une précision inexorable. En ce cas, soit que le rapport des dimensions de la surface ou de l'objet à décorer se trouve en contradiction avec le caractère que ceux-ci doivent avoir, soit que leurs lignes principales affectent une concordance fâcheuse, qui enlève toute expression à leur galbe, l'artiste peut, à l'aide de certains artifices, atténuer considérablement ce que ces proportions offrent de fautif.

Un des procédés les plus employés dans ce but, est la division des surfaces par des lignes parallèles. Il est clair, par exemple, que nos deux figures 72 et 73 qui, l'une et l'autre, constituent un carré parfait, perdent en apparence

88 LA DÉCORATION

leur absolue régularité dès qu'elles sont divisées par des lignes ondées. Appliquant cette observation à la paroi d'un mur figurant, elle aussi, un carré, nous voyons (fig. 74) qu'il suffit de partager cette paroi en parties bien distinctes, pour que l'impression produite par cette division domine le sentiment de monotonie provoqué par la complète concordance des dimensions.

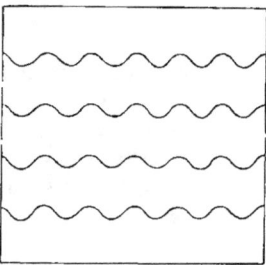 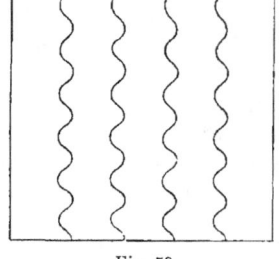

Fig. 72.   Fig. 73.

LVI. — LA PRÉDOMINANCE ACCORDÉE DANS LA DÉCORATION A CERTAINES LIGNES DONNE NAISSANCE A UNE ILLUSION TRÈS CARACTÉRISTIQUE, ET PEUT MODIFIER LES PROPORTIONS APPARENTES D'UN OBJET OU D'UNE SURFACE. AINSI LA PRÉDOMINANCE DES LIGNES VERTICALES A POUR EFFET DE FAIRE PARAÎTRE UN OBJET OU UNE SURFACE PLUS ÉLEVÉS, ALORS QUE LA PRÉDOMINANCE DES LIGNES HORIZONTALES FAIT PARAÎTRE, AU CONTRAIRE, CETTE SURFACE PLUS ÉCRASÉE OU CET OBJET PLUS TRAPU.

Le mode de divisions dont nous venons de constater les heureux effets, n'a pas seulement pour résultat d'atténuer la fatigante monotonie des surfaces dont les différentes dimensions sont trop égales. Il peut aussi, étant habilement employé, permettre de remédier à des incorrections de forme plus ou moins accentuées. Supposons, par exemple, que nous ayons à décorer une pièce jugée trop haute, et qu'on nous demande d'atténuer dans la mesure du possible l'impression produite par cet excès d'élévation. Il nous suffira pour que ce résultat soit atteint dans une large mesure, de multiplier sur les parois de cette pièce les divi-

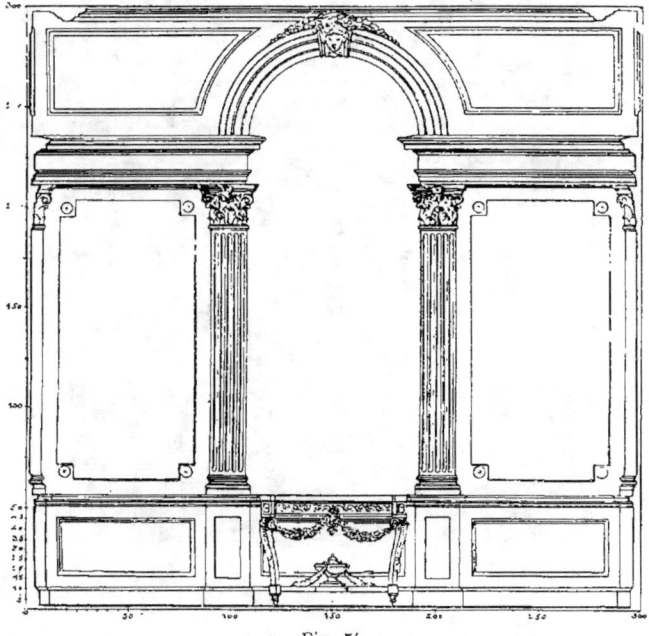

Fig. 74.

sions horizontales et de leur donner une prédominance marquée sur les divisions verticales. En traçant de très larges panneaux, en développant les moulures de la corniche, en donnant une grande importance aux profils qui limitent horizontalement le champ des lambris, en accusant la saillie de la cymaise, nous arriverons à diminuer très sensiblement la hauteur apparente de notre muraille.

La pièce que nous avons à décorer est-elle, au contraire, trop basse : pour remédier à ce défaut, ce sont les lignes verticales qu'il nous faut prodiguer. Nous multiplierons les

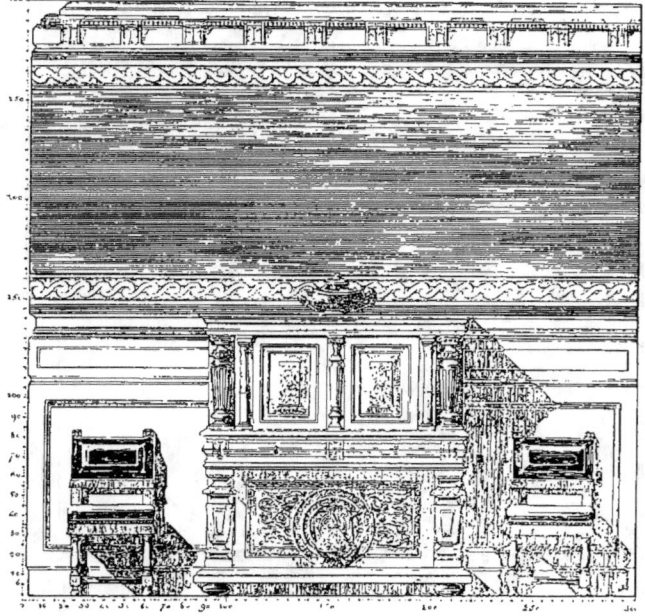

Fig. 75.

panneaux en les étirant, en les faisant aussi maigres, aussi allongés que possible. Nous supprimerons au besoin les lambris d'appui et les cymaises; nous réduirons la corniche à sa plus simple expression, et de cette façon nous nous procurerons l'élévation apparente que nous souhaitions d'avoir.

Nos deux figures 75 et 76 couvrent exactement la même surface; et sans que la note décorative soit forcée dans un sens ou dans l'autre; sans que dans notre figure 76 nous ayons supprimé la cymaise et divisé la paroi en plus de trois panneaux, elles présentent cependant un aspect assez différent pour que nous n'ayons pas besoin d'entrer dans

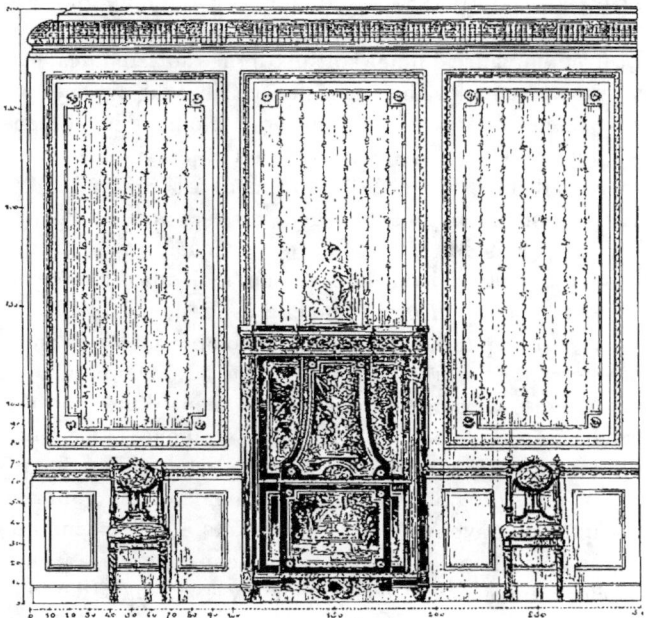

Fig. 76.

de longs développements sur les résultats que l'on peut obtenir en recourant à ces curieux artifices.

Ajoutons que ce qui est vrai pour la paroi d'un mur l'est aussi pour un meuble, pour un vase, etc. On parvient, en effet, suivant le degré d'importance qu'on donne, dans leur ornementation, soit aux lignes verticales, soit aux lignes horizontales, à modifier sensiblement l'aspect de ces divers objets.

LVII. — Par la différence d'échelle on peut également produire certaines illusions, et modifier la dimension apparente d'une surface ou d'un objet.

La prédominance donnée soit aux lignes horizontales, soit aux lignes verticales, ne constitue pas le seul artifice que le décorateur ait à sa disposition pour modifier les dimensions apparentes d'une surface ou d'un objet. Il peut encore recourir à d'autres procédés, notamment à la différence d'échelle. Ainsi que nous avons déjà eu occasion de l'expliquer, nos jugements dans les arts procèdent presque toujours d'une comparaison. Lorsque nous disons d'une chose qu'elle est grande ou petite, qu'elle est belle ou qu'elle est laide, c'est que par la pensée nous la comparons à une autre chose de même nature que nous avons adoptée pour type, ou que nous la rapprochons mentalement d'une mesure préalablement admise. « Un moyen sur lequel l'âme fonde ses jugements de la grandeur et de la distance des objets, écrit un physiologiste du siècle dernier[1], est la connaissance que nous avons de certains objets et de la diminution que l'éloignement y apporte. Un couvreur vu au bout d'un clocher me paroit d'abord un oyseau ; mais dès que je le reconnois pour un homme, je l'imagine de cinq à six pieds, parce que je sçai qu'un homme a pour l'ordinaire cette hauteur ; et tout d'un tems je juge par comparaison la croix et le coq de ce clocher d'un volume beaucoup plus considérable que je ne les croyois auparavant. C'est ainsi que la peinture exprimera un géant terrible dans l'espace d'un pouce, en mettant auprès de lui un homme ordinaire qui ne lui ira qu'à la cheville du pied ; une maison, un arbre, qui ne lui iront qu'au genou ; la comparaison nous

---

1. Lecat, *Traité des sensations et des passions* ; Paris, 1767 ; tome II, p. 479.

frappe, et nous jugeons d'abord le géant d'une grandeur énorme, quoique au fond il n'ait qu'un pouce[1]. »

L'homme, l'arbre, la maison, dont parle Lecat remplissent, dans son tableau imaginaire, le rôle d'échelle. Ce sont eux qui fournissent le point de comparaison permettant d'estimer la véritable hauteur du géant. Pareillement, dans une église, les chaises, les prie-Dieu, les bénitiers, les clôtures, qui nous révèlent la taille exacte de l'homme, nous servent de point de départ pour juger de l'immensité de la nef et du chœur. Dans la décoration il en va de même. L'œil choisit un objet dont les dimensions lui sont familières, pour établir un rapport entre cet objet et le reste de la décoration, dont il ne connaît pas l'étendue; et, l'artiste, en imposant à l'attention du spectateur l'objet qui doit servir d'échelle, et en augmentant ou en diminuant la taille de cet objet, arrive facilement à créer une illusion et à faire paraître plus grand et plus petit, suivant les cas, l'espace dont il entend modifier l'étendue, la hauteur ou la largeur apparentes.

Pour rendre cette démonstration plus saisissante, nous prendrons deux arcades de même ouverture, venant buter sur des piliers de même hauteur et constituant, par conséquent, deux baies absolument identiques. Nous garnirons ces deux baies de deux balustrades à une échelle différente, et de suite l'une d'elles paraîtra, comme proportions, beaucoup plus considérable que l'autre (voir fig. 77 et 78). Cette illusion s'explique facilement. Nous savons quelle est la hauteur ordinaire d'une balustrade relativement à la taille humaine. Par conséquent il s'effectue dans notre esprit une

---

[1]. Rapprocher cette observation de Lecat de la réflexion suivante, de Diderot : « Un artiste s'est-il proposé de vous faire concevoir la grandeur énorme d'un cyclope endormi ? Il vous montre un pâtre qui s'en est approché doucement et qui mesure l'orteil du cyclope avec la tige d'un épi de bled. Cet épi est une mesure commune entre le pâtre et le cyclope, et c'est la nature qui l'a donnée. » (*Réflexions sur la peinture*, dans *Œuvres complètes*, IV, p. 570.)

opération analogue à celle que décrit Lecat à propos du couvreur perché sur le toit d'un clocher. La taille de notre balustrade nous fournit incidemment le moyen de comparer l'élévation et le développement de notre arcade avec une dimension qui nous est connue. L'habileté du décorateur consiste, ainsi que nous venons de le dire, à fixer lui-même le détail qui doit servir d'échelle pour juger l'ensemble de son travail, et à le choisir assez adroitement pour qu'il s'offre tout d'abord au regard de celui qui considère sa décoration, s'impose à son esprit et fasse valoir le caractère dominant qu'il a voulu imprimer à son œuvre.

Les architectes du Moyen Age ont fait grand usage, dans la construction et dans la décoration de leurs principaux monuments, de ces procédés de comparaison, et en ont tiré un parti merveilleux. Toutes leurs églises, en effet, sont construites en prenant comme échelle fixe la taille de l'homme. « La voûte a beau s'élever indéfiniment, la porte ne grandit pas à proportion ; la colonne ne grossit pas à mesure ; on peut toujours gravir les marches sans effort et de la main atteindre au bénitier. A côté des courbes les plus vastes, des arcades les plus hardies, des pinacles les plus audacieux, une fenêtre, un escalier, un balcon, détails insignifiants en apparence, viennent donner la mesure du *module humain* et, par comparaison, nous faire sentir l'immensité de l'édifice[1]. » Cette remarque est d'autant plus importante que certains autres monuments appartenant au XVIe et au XVIIe siècle produisent, pour les mêmes raisons, un effet tout contraire. Il n'est pas un étranger qui, visitant pour la première fois la basilique de Saint-Pierre, à Rome, n'ait éprouvé une certaine déception. En pénétrant dans l'illustre sanctuaire on est étonné de n'être pas surpris. Ce qu'on s'attendait à trouver immense paraît de taille ordinaire.

---

1. *L'Art à travers les mœurs*, p. 236.

LA DÉCORATION 95

Ce désappointement résulte de ce que toutes les parties de
l'édifice étant rigoureusement tenues à la même échelle, rien,
au premier coup d'œil, ne vient, en vous fournissant un
point de comparaison, vous avertir de l'immensité de ce
géant de pierre[1]. Il faut avoir vu le prêtre gravir les marches de l'autel pour s'apercevoir que celui-ci est prodi-

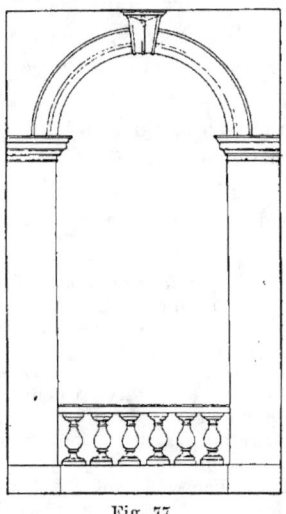 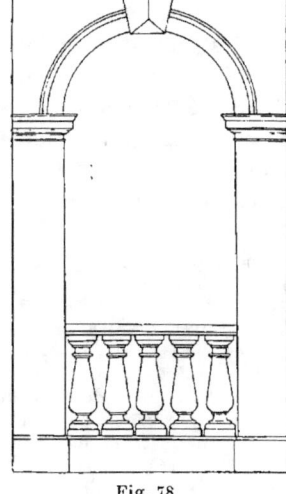

Fig. 77.   Fig. 78.

gieusement élevé. Il faut avoir vu un fidèle s'approcher
des petits anges qui portent les bénitiers, pour constater
que ces petits anges sont des géants; puis, par l'énormité
même de ce bénitier, on est conduit à juger de la taille des
piliers, et par la taille de ces piliers on se rend compte,

1. « L'exacte proportion de la fameuse église de saint Pierre, écrit
Montesquieu, fait qu'elle ne paroit pas d'abord aussi grande qu'elle
est; car nous ne savons d'abord où nous prendre pour juger de sa
grandeur. Si elle étoit moins large nous serions frappés de sa longueur; si elle étoit moins longue, nous le serions de sa largeur. Mais
à mesure que l'on examine, l'œil la voit s'agrandir. » (*Œuvres complètes*, tome VII, p. 156.)

enfin, des étonnantes dimensions de la nef, de l'incroyable hauteur de la voûte et des proportions gigantesques de la coupole[1]. De pareilles impressions, au surplus, sont assez fréquentes. Peu de personnes ayant contemplé, même avec attention, la façade de Notre-Dame et celle de Saint-Sulpice, ont pu se rendre compte que la tour du Nord de cette dernière église est de cinq mètres plus élevée que les tours de Notre-Dame[2]. Peu d'étrangers, après avoir visité les Invalides et le Panthéon, arrivent à se persuader qu'il y a une différence de 22 mètres entre l'élévation de leurs dômes respectifs, et que le dôme des Invalides est d'un cinquième plus haut que celui de son rival. On comprend, sans qu'il soit besoin d'entrer dans de plus amples explications, tout le parti qu'un décorateur peut tirer

---

1. On voit, par cette constatation si facile à faire, combien Diderot avait tort d'écrire : « Il ne faut jamais interrompre les grandes masses par de petits détails. Ces détails rapetissent en m'en donnant la mesure. Les tours de Notre-Dame seraient plus hautes si elles étaient tout unies. » (*Pensées détachées sur la peinture*, dans *Œuvres complètes*, tome IV, p. 547.) Ce sont justement ces détails qui, en « donnant la mesure », permettent de juger de l'étendue.

2. La hauteur exacte du dôme des Invalides est de 105 mètres ; celle du Panthéon n'est que de 83 mètres ; la tour nord de Saint-Sulpice mesure 73 mètres ; celles de Notre-Dame n'en comptent que 68. Très frappé par cette infériorité apparente du chef-d'œuvre de Mansart et de la belle tour achevée par Chalgrin en 1777, j'ai voulu en rechercher la cause, et j'ai mesuré moi-même un certain nombre de détails d'ornementation qui pouvaient fournir à l'œil une échelle de comparaison. J'ai trouvé pour la tour nord de Saint-Sulpice que les balustres ornant la galerie du premier étage comportaient 0^m,80 de hauteur, alors que ceux du second étage et du sommet en comptaient 0^m,95. J'ai remarqué, en outre, que les balustres de la seconde galerie, au lieu d'être posés directement sur le sol, comme ceux de la galerie inférieure, étaient placés sur des dés mesurant eux-mêmes 0^m,10, ce qui en portait la hauteur totale à 1^m,05. Cette différence entre les balustres des divers étages, en les faisant paraître tous de la même taille, empêche qu'on ne sente l'éloignement de ceux qui sont situés au second étage et au sommet, et par conséquent qu'on se rende compte de la hauteur de la tour. De même pour les Invalides ; l'énormité des fenêtres du premier et du second étage fait qu'on se trompe sur les dimensions réelles et sur l'élévation du dôme.

de cette ressource, et des illusions auxquelles elle donne naissance.

LVIII. — Lorsque la figure humaine apparaît dans une décoration, c'est elle généralement que l'œil choisit comme échelle. Il importe donc de ne l'y introduire qu'avec précaution et dans la mesure où elle peut faire valoir l'ensemble.

Si la hauteur d'un balcon, la taille d'un prie-Dieu, la dimension d'une chaise, fournissent, par induction, une

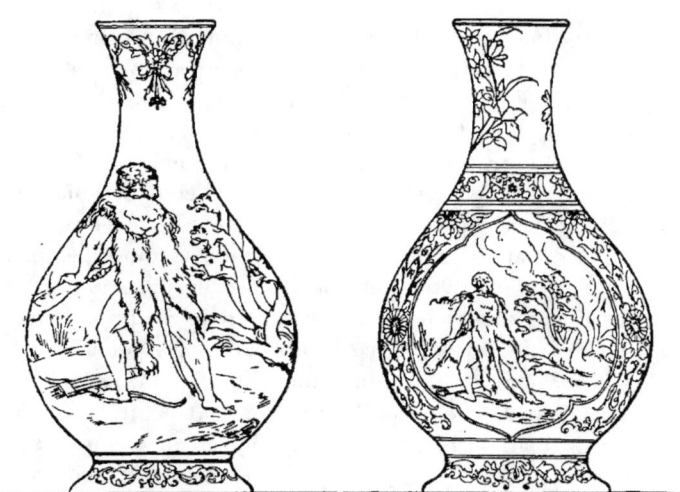

Fig. 79.   Fig. 80.

échelle permettant de juger l'étendue d'un édifice, la figure humaine, à plus forte raison, lorsqu'elle se rencontre dans une décoration, est, de suite, choisie par notre œil comme terme de comparaison avec ce qui l'entoure ; et cela s'explique aisément. La décoration, le mobilier, les pièces, les objets sur lesquels nous avons un jugement à porter étant conçus, édifiés ou exécutés par nous-mêmes ou par nos semblables; grâce à une disposition toute naturelle de notre esprit, c'est nous-mêmes ou nos semblables que nous sommes enclins à prendre spontanément comme échelle. Mais la comparaison entre un être mobile et agissant, — qu'on est forcé de considérer tantôt debout et tantôt assis, et qui par son instabilité, présente des dimensions variables, — et un objet fixe, immobile, inerte, réclame un certain effort intellectuel et offre, par conséquent, quelque difficulté. C'est pourquoi, dès que la figure humaine joue un rôle dans une décoration, par une espèce de compromis en quelque sorte fatal, notre œil s'en empare, et elle devient le point de repère qui fournit l'échelle, le critérium du jugement que nous portons. Aussi les décorateurs expérimentés ne la font-ils intervenir qu'à bon escient, c'est-à-dire dans la mesure où elle est utile pour faire valoir le reste.

Une statue transformée en lampadaire, une cariatide de proportions exagérées, peuvent réduire considérablement les dimensions apparentes d'un escalier dont elles marquent le départ. Il suffit d'un buste placé sur une cheminée étroite ou d'un portrait en pied accroché dans une pièce de grandeur moyenne, pour écraser tout ce qui entoure, et faire paraître cette pièce étriquée ou basse de plafond. En outre, pour ce qui concerne les portraits, les figures de grandeur naturelle qu'ils représentent étant, par suite de la disposition même du sujet, rejetées au second ou au troisième plan et se trouvant ainsi dans un éloignement relatif, ces figures, disons-nous, semblent grandir à proportion, et, par comparaison, diminuent d'autant les dimensions de la paroi qui les porte.

Remarque intéressante : même dans l'ornementation des vases, des cadres de miroirs, des meubles de toutes sortes, la taille qu'on donne aux représentations humaines n'est pas indifférente. Deux vases exactement de même hauteur et de même forme, paraîtront de dimensions sensiblement différentes, suivant l'échelle des personnages choisis pour leur décoration (voir fig. 79 et 80).

LIX. — A DÉFAUT DE LA FIGURE HUMAINE, LES ANIMAUX, LES PLANTES, LES FLEURS, DONT LA TAILLE ET LES DIMENSIONS NOUS SONT FAMILIÈRES, CONSTITUENT FACILEMENT L'ÉCHELLE A LAQUELLE NOUS RAPPORTONS LES PROPORTIONS D'UN OBJET DÉCORÉ.

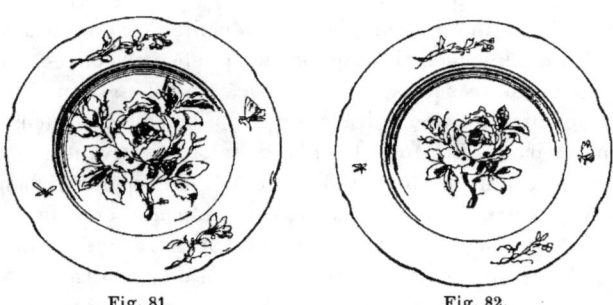

Fig. 81. Fig. 82.

Il est nombre de circonstances où l'échelle humaine ne saurait intervenir comme critérium des jugements que nous portons sur les dimensions d'un meuble ou d'une œuvre d'art. Dans ce cas, l'œil peut adopter pour jouer ce rôle tel autre objet dont la taille lui est connue. Supposons que nous ayons à décorer une assiette de grandeur ordinaire, et qu'une rose doive constituer le principal motif de notre décor. Nous connaissons tous les dimensions moyennes d'une rose. Dès lors, c'est elle qui fournira l'échelle à laquelle nous rapporterons l'étendue de la surface décorée, et, comme conséquence, à mesure que notre rose diminuera de taille, les dimensions de notre assiette paraîtront augmenter. Les deux figures (n°s 81 et 82) que nous donnons ci-contre, bien qu'il soit facile de constater qu'elles ont un diamètre égal, offrent un exemple assez frappant de l'impression que l'on peut produire en tenant compte de cette observation.

LX. — LE CHOIX DE L'ÉCHELLE NE DEVANT JAMAIS ÊTRE ABANDONNÉ AU HASARD, LE DÉCORATEUR HABILE LE SUBORDONNE LE PLUS SOUVENT AUX CONDITIONS DANS LESQUELLES L'OBJET OU LA SURFACE DÉCORÉS SONT APPELÉS A ÊTRE CONSIDÉRÉS PAR LE SPECTATEUR, ET AUSSI A LA NATURE DE L'OBJET ET AU RÔLE ASSIGNÉ A LA SURFACE.

Il est clair que l'échelle de décoration ne saurait être la même pour un bijou, une boîte, un éventail, une tasse à café, que l'on tient à la main et qu'on est appelé, par conséquent, à regarder de très près, que pour un vase à fleurs, un coffret, un bouclier ou une cuirasse, qui doivent être contemplés à une certaine distance. Un plat de faïence, suivant qu'il est destiné à figurer sur une table ou à être suspendu à la muraille, réclame dans son ornementation une échelle différente. Celle-ci doit se développer à mesure que le spectateur, pour apprécier l'objet, est obligé de prendre un recul plus considérable. C'est pourquoi l'échelle des décorations intérieures est toujours plus réduite que celle des décorations extérieures, et, pour cette même raison, il est généralement admis en architecture que, « dans les monuments élevés, l'échelle doit croître de la base au faîte, les détails des parties supérieures ne pouvant être perçus qu'à une grande distance [1] ». Le contraire cependant produit parfois une impression des plus heureuses. Nous citerons notamment l'arc de triomphe de l'Étoile, où l'échelle humaine diminue à mesure que l'élévation augmente. L'effet obtenu par cette diminution progressive est même fort curieux. Il aide à faire paraître le monument encore plus colossal. La plupart des édifices de la période ogivale dérogent également à cette règle. Ils respectent de la base au sommet l'unité d'échelle, et doivent en partie à cette unité leur étonnante élévation. Nous avons vu, au contraire (proposition LVII)

1. Mayeux, *la Composition décorative*, p. 110.

que l'observation rigoureuse de l'augmentation progressive, prônée par les architectes, empêchait qu'on se rendît compte de la hauteur de la tour nord de Saint-Sulpice. C'est là une observation qu'il ne faut point oublier.

LXI. — AUTANT QUE POSSIBLE, LES DIVERSES PARTIES COMPOSANT UNE DÉCORATION INTÉRIEURE FIXE, DOIVENT ÊTRE EXÉCUTÉES A UNE SEULE ÉCHELLE. IL EN EST DE MÊME POUR LES DIFFÉRENTES PIÈCES COMPOSANT UN ENSEMBLE IRRÉDUCTIBLE.

Le principe d'unité, qui est une des règles de la beauté en art, exige que dans l'exécution d'une décoration intérieure l'artiste adopte une seule et unique échelle. On comprend quelle cacophonie produirait une composition qui présenterait des personnages d'échelles différentes, ou des accessoires ne se rapportant pas à la taille des personnages. La même règle est à suivre quand il s'agit d'objets ayant entre eux un lien étroit et composant un ensemble. Il est clair, par exemple, qu'une tasse et sa soucoupe, si elles sont décorées d'un paysage, d'une allégorie, d'une scène champêtre, etc., ou encore de fleurs ou de fruits, doivent offrir des représentations conçues et exécutées à une échelle commune. Il en est de même pour un canapé, un fauteuil, une bergère, dont le dossier et le siège représentent une gerbe de fleurs, un groupe d'attributs, etc.

LXII. — TOUTEFOIS, LORSQUE LES PIÈCES COMPOSANT CET ENSEMBLE SONT DE TAILLE SUFFISAMMENT INÉGALE, ET NE SERVENT POINT AU MÊME USAGE, IL EST PERMIS D'ACCENTUER ET DE PRÉCISER, PAR LA DIFFÉRENCE DE L'ÉCHELLE DÉCORATIVE, LA DIVERSITÉ EXISTANT DANS LEURS DIMENSIONS ET LEUR EMPLOI.

On peut, cependant, tolérer certaines dérogations à l'observation précédente, c'est lorsque divers objets, bien que formant un ensemble, ne servent point au même usage et présentent, par suite de cette diversité d'usage, une notable différence de dimensions. Ainsi, dans une garniture de cheminée, la pendule, sans produire un effet choquant, peut être décorée de personnages exécutés à une échelle sensiblement supérieure à celle admise pour les figures des candélabres. De même, dans un surtout de table en argenterie, les pièces principales, assiettes montées, candélabres, compotiers, réchauds, et les petites pièces, salières, raviers, porte-couteaux, ronds de carafe, etc., ne sauraient être décorés à une échelle identique.

LXIII. — CES MÊMES DÉROGATIONS PEUVENT ÊTRE ADMISES DANS UNE DÉCORATION MURALE, LORSQUE LE RÔLE DES DIVERSES PARTIES DÉCORÉES EST SUFFISAMMENT CARACTÉRISÉ, OU LORSQU'ELLES SONT EXÉCUTÉES PAR DES PROCÉDÉS DISSEMBLABLES OU A L'AIDE DE MATÉRIAUX DIFFÉRENTS.

L'inégalité d'échelle peut aussi trouver place sans inconvénient, dans une composition divisée en compartiments bien distincts. Une tapisserie, par exemple, quoique formant un tout irréductible, peut comporter deux échelles différentes, l'une s'appliquant à sa bordure et l'autre au motif principal. Les cartons dessinés par Le Brun pour les suites de l'*Histoire du roi*, des *Maisons royales*, des *Saisons*, etc., en fournissent une preuve frappante. Les belles fresques de Fontainebleau nous montrent que des encadrements formés de figures en ronde bosse, ne produisent point un effet discordant, bien qu'elles soient hors de proportion avec celles des tableaux encadrés. On en peut dire autant du superbe plafond de la galerie des Glaces, à Versailles, où des cariatides géantes sont associées à des personnages de moindres dimensions (voir fig. 83). C'est que dans ce magnifique plafond, comme dans les fresques de Fontainebleau, ces figures disproportionnées jouent un rôle bien déterminé,

LA DÉCORATION 103

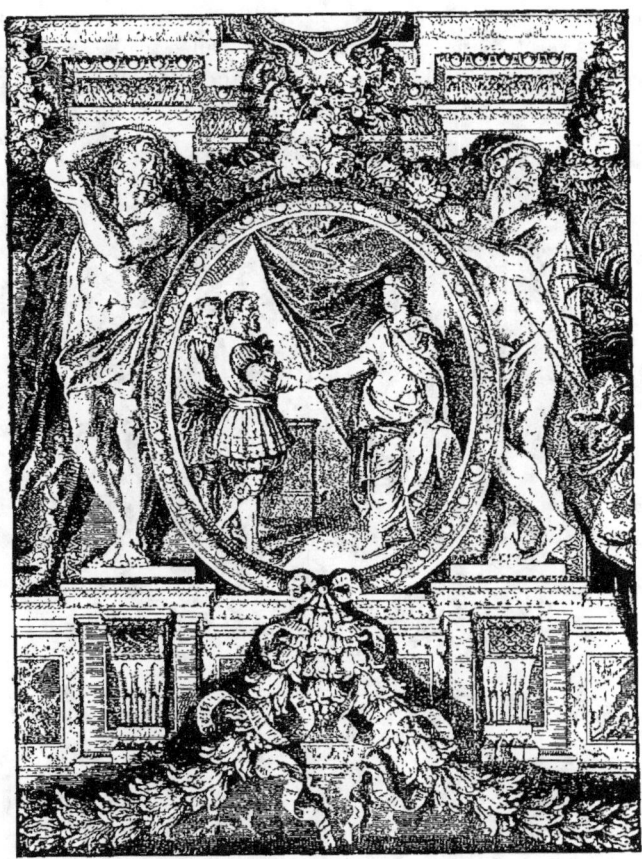

Fig. 83. — Fragment du plafond de la grande galerie des Glaces, à Versailles, composé par Le Brun.
Exemple de l'emploi raisonné, dans une même décoration, de figures exécutées à une échelle différente.

qui les différencie suffisamment des parties avoisinantes.

Ces sortes de dérogations sont également admises dans la décoration des meubles, où les figures en ronde bosse peuvent être d'une autre échelle que celles traitées en bas-relief, sans que l'œil s'en trouve choqué. Il en est de même

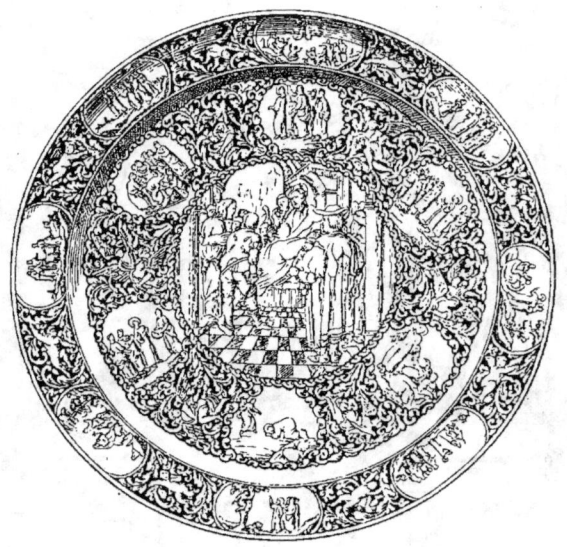

Fig. 48. — Plat en faïence de Delft.
Exemple de l'emploi raisonné, dans une même décoration, de figures exécutées à une échelle différente.

quand le décor comporte diverses matières mises en œuvre, ou différents procédés d'exécution. Supposons un cabinet porté par des cariatides puissantes, couronné de figures assises, et dont les tiroirs sont décorés de petites scènes en marqueterie d'ébène et d'ivoire. L'œil réclamera l'unité d'échelle pour les figures du couronnement et pour les supports de la base; mais il n'exigera aucune analogie de proportions entre ces figures et celles de la marqueterie.

Un médaillon en camaïeu, une scène peinte en grisaille, peuvent également différer d'échelle avec des figures représentées en couleur naturelle ; de même pour les décorations compliquées, où chaque motif est isolé et forme cartouche (voir fig. 84); de même encore pour les sujets tronqués, pour les bustes, pour les médaillons, pour les mufles de lion, les têtes de bélier, etc., que leur mutilation distingue suffisamment des représentations vivantes disposées dans leur voisinage.

LXIV. — LE DÉFAUT D'ESPACE PEUT ENCORE ÊTRE CONSIDÉRÉ COMME UNE EXCUSE A UNE RÉDUCTION D'ÉCHELLE. LE DÉCORATEUR HABILE, TOUTEFOIS, PARVIENT, A L'AIDE DE CERTAINS ARTIFICES, A ÉVITER CES DÉROGATIONS.

Une des raisons qu'invoquent les dessinateurs pour recourir, dans une même décoration, à des échelles différentes, c'est le manque d'espace. Une paroi de muraille peut être distribuée en panneaux d'une telle inégalité, que l'artiste chargé de l'ornementation de ces panneaux soit incité, malgré lui, à augmenter ou à diminuer, suivant le cas, les proportions de ses figures principales. Le décorateur expérimenté n'a garde, toutefois, de se laisser entraîner à ces sacrifices, presque toujours funestes. L'expérience lui fournit certains artifices qui permettent de tourner la difficulté. Il peut, en premier lieu, sans changer l'échelle, modifier la taille de la figure principale, en substituant une femme ou un adolescent à un homme, ou encore un enfant à un adolescent, comme l'a fait Raphaël pour les bordures de ses célèbres tapisseries représentant les *Actes des apôtres* (voir fig. 85). Il y parvient de même en tronquant le personnage et en remplaçant la figure en pied par un buste ou par un médaillon. En second lieu, on peut élargir ou rétrécir la composition, en développant ou en concentrant les ornements qui accompagnent le motif principal, sans toucher aux proportions de celui-ci. Comme le dit fort bien M. Mayeux[1], « la méthode à suivre pour le maintien de l'échelle, consiste à simplifier ou à multiplier les motifs, et non pas à les réduire ou à les agrandir. »

LXV. — ENFIN, DANS QUELQUES CAS SPÉCIAUX, LE DÉCORATEUR PEUT PRENDRE VOLONTAIREMENT CERTAINES LICENCES. IL Y RECOURT SURTOUT DANS LES REPRÉSENTATIONS SYMBOLIQUES, OÙ L'EXACTITUDE D'ÉCHELLE EST SOUVENT IMPOSSIBLE, ET LORSQU'IL VEUT, PAR L'IMPORTANCE DONNÉE A UN ATTRIBUT, RAPPELER UN FAIT OU CARACTÉRISER UN PERSONNAGE.

Il est encore certaines circonstances où le décorateur est amené à s'affranchir des règles que nous venons d'indiquer, et à appliquer volontairement une réduction importante d'échelle ou une proportionnelle augmentation à quelques parties essentielles de sa composition. Cette licence, pour le premier cas, lui est imposée par l'impossibilité de faire tenir dans l'espace assigné certains éléments décoratifs absolument indispensables. Dans le second cas, elle est commandée par la nécessité d'appeler spécialement l'attention sur quelques objets particuliers, parce que leur présence détermine d'une façon plus précise la nature du sujet représenté, ou sert à caractériser un personnage.

Au Moyen Age, on a fait grand usage de la réduction d'échelle, et l'on pourrait citer une quantité de bas-reliefs où l'on voit de saints martyrs décapités à la porte d'une tour ou d'un donjon, qui n'est guère plus élevé que la figure du bourreau. Les plus grands maîtres de la Renaissance, eux aussi, se sont permis parfois de ces licences. Le *Mariage de la Vierge,* par Raphaël, en fournit un exemple illustre entre tous. Le temple, représenté dans

---

1. *La Composition décorative*, p. 120.

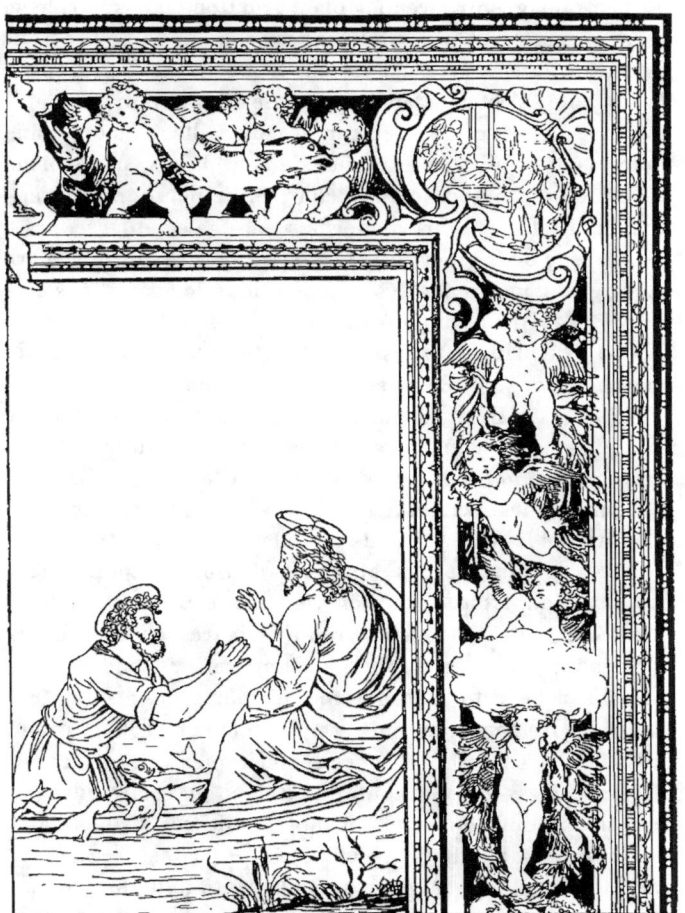

Fig. 85. — Fragment de la tapisserie représentant la *pêche miraculeuse*. (Suite des *Actes des apôtres*, dessinés par Raphaël.)
Exemple de l'heureux emploi de figures d'enfants associées, par suite du manque d'espace, à des personnages adultes.

le fond, infiniment trop petit, est hors de proportion avec les personnages du premier plan. Ajoutons que son rôle se borne, dans ce chef-d'œuvre, à caractériser la portée religieuse de la scène. C'est un simple attribut. L'Antiquité, de son côté, s'est constamment servie des agrandissements, plaçant sur ses camées et sur ses médailles, à côté d'une figure vue en pied et de dimensions réduites, un énorme trident ou un hibou colossal chargés de personnifier Neptune ou Minerve. L'art moderne a eu également recours à ces moyens de frapper les yeux et l'imagination. On remarquera que dans toutes les compositions formant l'*Histoire du roy,* Le Brun donne à Louis XIV une taille supérieure à celle des principaux assistants, quoique le Grand Roi, nous le savons, fût d'une stature au-dessous de la moyenne. C'est que Le Brun, en artiste prévenant et en courtisan habile, tenait à concentrer toute l'attention du spectateur sur le prince généreux dont il retraçait les hauts faits.

De nos jours, un peintre qui voudrait représenter une allégorie de la Marine ou de la Guerre serait obligé d'assigner à la plupart des attributs distinctifs qu'il placerait dans son tableau, aux ancres, aux cabestans, aux canons, etc., des dimensions très inférieures à celles qu'ils ont dans la réalité. Personne ne songerait, cependant, à se formaliser de cette dérogation, ni même à s'en montrer surpris[1]. Remarquons que le plus souvent l'artiste prend lui-même le soin de devancer les critiques qui pourraient lui être adressées. Se conformant aux prescriptions que nous avons développées dans notre huitième proposition, il choisit ses attributs parmi les types consacrés, et se garde de leur donner, par une maladroite imitation, un aspect trop réel. Néanmoins ces figures hors d'échelle deman-

---

1. On peut citer également dans l'Antiquité un certain nombre d'exemples de ce genre, notamment la *Victoire de Samothrace,* aujourd'hui au Louvre, et qui est hors de proportion avec le navire qui la porte.

dent à n'être employées qu'avec une certaine discrétion, et seulement lorsque leur présence est jugée nécessaire.

LXVI. — LES COULEURS PEUVENT, DANS UNE LARGE MESURE, CONTRIBUER A MODIFIER LA DIMENSION APPARENTE DES OBJETS ET DES SURFACES.

La disposition heureuse des lignes principales de sa décoration, ainsi que le choix intelligent de l'échelle ne constituent pas la seule ressource que l'artiste ait à sa disposi-

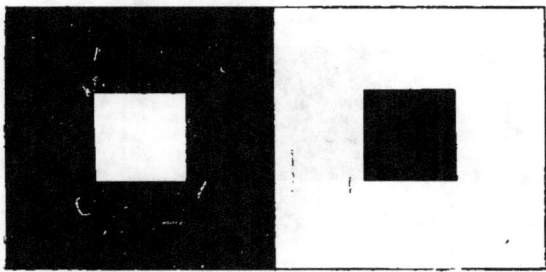

Fig. 86.

tion pour modifier les dimensions apparentes d'une surface ou d'un objet. Les couleurs lui sont, elles aussi, d'un grand secours. Deux surfaces d'égale grandeur semblent en effet de dimensions très différentes, suivant qu'elles sont teintées en noir ou en blanc. Si l'on veut bien examiner notre figure 86, qui contient deux carrés égaux, l'un blanc sur fond noir, l'autre noir sur fond blanc, on reconnaîtra que de ces deux carrés contemplés à une certaine distance, le premier paraît sensiblement plus grand que le second. Cette illusion porte un nom en physique : on l'appelle le phénomène de l'*irradiation*. Procédons à une autre expérience. Notre figure 87 nous offre deux carrés blancs alternant avec deux carrés noirs. Eh bien, si nous considérons avec attention et, en les éloignant un peu, ces quatre carrés, les deux blancs nous sembleront joints entre eux par une espèce de point de même couleur. Cette illusion provient de ce que les cercles de dispersion se rejoignent à cette place. « Tout le monde sait, au surplus (comme le remarque fort bien M. J. Bernstein[1]), que les personnes habillées de blanc paraissent plus replètes que lorsqu'elles sont habillées de noir. » Trois cents ans avant Bernstein,

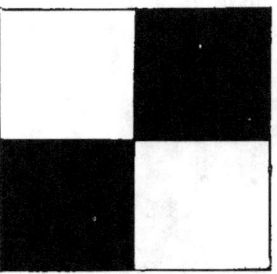

Fig. 87.

Léonard de Vinci avait noté l'observation suivante : « J'ai remarqué, en voyant une femme habillée de noir, laquelle avait sur la tête un linge blanc, que la tête lui paraissait deux fois plus large que les épaules[2]. » Voilà donc une constatation bien établie.

Si de ces deux extrêmes, le noir et le blanc, nous passons aux tons intermédiaires, nous découvrirons : 1° que, participant des mêmes lois, les objets ou surfaces colorés de nuances très claires paraissent, à dimensions égales, toujours plus grands que ceux teintés de noir ou de brun ; 2° que les objets et les surfaces nous semblent d'autant plus petits qu'ils sont plus éloignés, et réciproquement ; 3° enfin, que la couleur des objets devient d'autant plus confuse que ces objets sont à une plus grande distance. — En pos-

1. *Les Sens*, par J. Bernstein, p. 66.
2. *Traité de peinture*, chap. cccvii.

session de cette triple observation, nous pourrons faire paraître tel objet plus ou moins grand, et approcher ou reculer, en apparence, telle surface. En un mot, au moyen d'une illusion assez facile à créer, nous arriverons à modifier dans une certaine mesure les dimensions apparentes de cette surface ou de cet objet.

Un peintre a-t-il une paroi à décorer, suivant qu'il tiendra sa décoration plus ou moins claire, cette paroi semblera plus ou moins grande, et par conséquent plus ou moins proche de nous, et par contre-coup la pièce qui la renferme nous paraîtra plus ou moins vaste. S'agit-il notamment d'un plafond, ce plafond aura l'air sensiblement plus élevé s'il est nuancé d'une teinte grise ou bleue, que s'il est simplement badigeonné en blanc. Est-il question, au contraire, d'une décoration verticale, nous la croirons d'autant plus éloignée que les couleurs en seront moins précisées, plus assoupies, et sembleront estompées par les couches interposées de l'atmosphère. « Dans un païsage, écrit Lecat, l'artiste me donnera sur la toile un rat et un chameau de la même grandeur, parce que le rat, avec ses couleurs frappantes, semblera sortir de la toile, et que le chameau, à peine visible, paraîtra se perdre dans un lointain où je perds moi-même l'idée de la toile qui le porte [1]. »

LXVII. — LES COULEURS PEUVENT AUSSI DONNER A UNE DÉCORATION UN ASPECT TRISTE OU GAI, AUGMENTER SON ÉCLAT OU LUI COMMUNIQUER, AU CONTRAIRE, UN CARACTÈRE MODESTE.

Nous avons établi dans la proposition XXIII que les principales couleurs possédaient une valeur sentimentale bien définie. Il est donc tout naturel que, par l'emploi raisonné de nuances bien choisies, l'artiste puisse donner à une dé-

---

1. *Physiologie des sens*, tome II, p. 475.

coration un aspect répondant à un état particulier de notre esprit. Ainsi, suivant qu'on fait usage de tons vifs ou rompus, de couleurs éclatantes ou sombres, on communique aux surfaces ou aux objets une apparence triste ou joyeuse. Dans la proposition XXIV nous avons démontré que cette valeur sentimentale n'est pas absolue, mais qu'elle varie suivant le voisinage immédiat auquel les couleurs sont soumises. Il nous reste maintenant à étudier les rapports des couleurs entre elles, et les effets de leur rapprochement.

LXVIII. — LES RAPPORTS DES COULEURS ENTRE ELLES SONT RÉGLÉS THÉORIQUEMENT PAR DES LOIS FIXES ; MAIS DANS LA PRATIQUE CES LOIS SONT SUJETTES A DES DÉROGATIONS NOMBREUSES, DONT LE DÉCORATEUR EST OBLIGÉ DE TENIR COMPTE.

La science a divisé la lumière visible, c'est-à-dire la fraction lumineuse perceptible par nos yeux, en trois *couleurs primitives,* qui sont le ROUGE, le JAUNE et le BLEU, et en trois *couleurs secondaires,* l'ORANGÉ, le VERT et le VIOLET. Ces dernières sont le résultat d'un mélange *binaire,* c'est-à-dire qu'elles sont formées par l'accouplement ou par l'union de deux des couleurs primitives. Ce premier point admis, procédons à d'autres constatations.

La science établit encore que tous les objets dont notre œil perçoit l'image, ne nous paraissent diversement colorés que parce que chacun d'eux absorbe une certaine partie du faisceau lumineux, et rayonne seulement une fraction des vibrations qui le frappent. Ainsi, une étoffe rouge ne nous semble telle que parce qu'elle absorbe tous les rayons bleus, violets, jaunes, orangés et verts, et ne nous rend que les rayons rouges. De même pour une étoffe bleue, une feuille verte, une pierre violette, une orange, etc. Si, après avoir séparé à l'aide du prisme les différentes couleurs qui composent la lumière, on réunit, à l'aide d'un autre prisme, ces mêmes couleurs de façon à reconstituer les faisceaux, on retrouve la lumière blanche. Le blanc, comme l'a reconnu Newton et comme, deux siècles avant lui, Léonard de Vinci l'avait proclamé, n'est donc pas une couleur par lui-même, mais un composé de toutes les couleurs[1]. On peut, du reste,

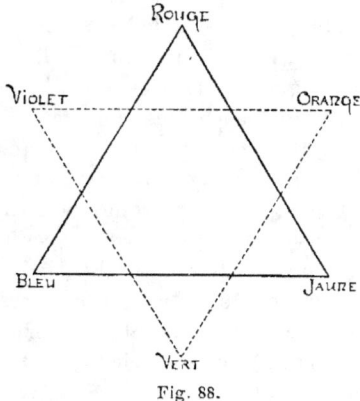
Fig. 88.

se rendre compte de cette décomposition et de cette recomposition du blanc, par une petite expérience aussi simple que facile. Il suffit de disposer sur le disque d'une roulette ou, à défaut de roulette, d'un tourniquet quelconque les six couleurs de l'arc-en-ciel, en égale étendue et de façon qu'elles se suivent dans l'ordre indiqué par la nature. Cela fait, on anime le disque d'un mouvement très rapide de rotation, et les couleurs se fondant, la plaque apparaît non plus teintée de six couleurs, mais seulement d'un blanc légèrement sale, très caractéristique[2]. Par le même procédé

1. « Il bianco non è per se colore, ma il ricetto di qualunque colore. »
2. Théoriquement le résultat devrait être blanc; mais, ainsi que le remarque M. Laugel (*l'Optique et les Arts*, p. 149), les couleurs employées dans la peinture consistent en un mélange de poudres dont les

on peut se convaincre que les couleurs intermédiaires, orangé, vert et violet, sont uniquement le résultat d'un mélange et n'ont aucune origine propre. Si on les supprime, en effet, et si l'on se contente de couvrir le disque des trois couleurs primitives, rouge, jaune et bleu, également réparties, on produit pareillement une coloration blanche ou grise. Enfin ce même résultat peut encore s'obtenir d'une troisième façon et en réduisant à deux le nombre des couleurs placées sur le disque, à condition que l'une des couleurs soit primitive et que la deuxième couleur comporte un mélange binaire, formé par les deux autres couleurs. A cause de cela, cette seconde couleur est qualifiée complémentaire de la première. C'est ainsi que l'orangé est complémentaire du bleu, le vert du rouge et le violet du jaune[1]. Le diagramme ci-contre (fig. 88) emprunté à un album d'Eugène Delacroix résume cette théorie de la décomposition et de la recomposition des nuances principales. Les couleurs qui se font face sont complémentaires, et les trois couleurs binaires, orangé, violet, vert, sont obtenues par le mélange de leurs voisines.

Voilà ce qu'explique la science. L'expérience, de son côté, a démontré que les trois couleurs primitives à l'état cru, c'est-à-dire sans mélange aucun et à intensité égale, sont sans harmonie entre elles, soit qu'on les considère par paire, soit qu'on les envisage toutes les trois ensemble. Le jaune, par exemple, vu à côté du bleu, ou le rouge étendu à côté du jaune, forment un assemblage sans liaison. Si, au contraire, on place une couleur auprès de sa complémentaire, elle

---

rayons réfléchis subissent une soustraction de lumière. « C'est pourquoi, conclut M. Laugel, les mélanges de poudres donnent des nuances plus foncées qu'on ne s'y attendait. »

1. C'est à une opération de cette nature que se livrent les blanchisseuses et les raffineurs de sucre. Le sucre, comme le linge, étant d'un blanc jaune, tirant sur le roux (orangé), on arrive à les rendre tous deux d'une blancheur parfaite en leur adjoignant une petite quantité de bleu, couleur complémentaire de celle qui leur est naturelle.

s'exalte. Un violet soutaché de jaune devient plus éclatant; un rouge bordé de vert prend une intensité plus grande, et réciproquement. Enfin, quand deux tons participent d'une même couleur, généralement ils s'harmonisent. Il n'est pas de femmes qui ne sachent admirablement cela, et voilà pourquoi les brunes, aux carnations chaudes, choisissent pour leur parure habituelle le jaune, l'orangé, le rouge et le brun, alors que les blondes, aux yeux bleus et aux fraîches carnations, accordent leurs préférences au bleu et au rose.

Par la même raison, le blanc et le gris[1], qui participent de toutes les couleurs, s'harmonisent également avec toutes; il en est de même pour le noir, qui est leur négation. C'est ce qui explique comment le liséré blanc produit dans la toilette féminine par une délicate dentelle, dans celle de l'homme par la manchette ou par le faux col, arrive le plus souvent à accorder deux couleurs qui sans cela sympathiseraient médiocrement entre elles. De même dans certaines peintures, et notamment dans les vitraux, le trait noir qui cerne les figures atténue dans une large mesure le caractère discordant de deux couleurs primitives juxtaposées.

Telles sont les vérités aujourd'hui admises, consacrées, que nous devons aux observations de Léonard de Vinci[2], de Charles Bourgeois[3], de Gœthe[4], d'Eugène Delacroix[5], de J.-B. Laurens[6], de J. Bernstein[7], d'A. Laugel[8]; aux

---

1. Les divers gris, nous venons de l'expliquer, ne sont que le résultat plus ou moins heureux d'un mélange inégal des trois couleurs fondamentales. Comme tels ils jouissent aussi de cette prérogative de s'accorder avec toutes les couleurs.
2. Voir son *Traité de la peinture*.
3. Voir son *Mémoire lu à l'Académie des sciences le 22 juillet 1812*, et aussi son *Manuel d'optique expérimentale*.
4. Voir Eckermann, *Conversations de Gœthe*.
5. Voir ses conversations avec M. Ch. Blanc (*Grammaire des arts du dessin*, p. 604 et suivantes).
6. Voir *Etudes théoriques et pratiques sur le beau pittoresque dans les arts du dessin*.
7. Voir *les Sens*.
8. Voir *l'Optique et les Arts*.

belles découvertes de Newton, de Helmholtz, de Vogel, et surtout à celles de M. Chevreul.

Il semble qu'en possession de ces vérités scientifiques, il soit assez facile de déterminer, avec une rectitude presque mathématique, quelles couleurs peuvent et doivent être associées ensemble pour obtenir un effet cherché ; et comment cette association doit se produire pour que le résultat voulu puisse être exactement obtenu. Malheureusement, dans la pratique, les choses se passent beaucoup moins rigoureusement que dans la théorie, et, par suite de circonstances contingentes que nous allons analyser, le décorateur est obligé de compter avec des complications aussi nombreuses qu'inattendues et particulières, en outre, à chaque application spéciale.

LXIX. — UN DES ÉLÉMENTS LES PLUS IMPORTANTS DONT LE DÉCORATEUR DOIVE SE PRÉOCCUPER DANS LA RECHERCHE DES COLORATIONS HARMONIEUSES, RÉSIDE DANS LA VALEUR DE CHAQUE TON, C'EST-A-DIRE DANS LA SOMME D'OMBRE ET DE LUMIÈRE CONTENUE DANS CE TON.

Parmi les circonstances qui viennent contrarier l'application rigoureuse des lois scientifiques, il faut mentionner en premier lieu ce fait que le décorateur ne se sert presque jamais de couleurs à l'état pur. Les couleurs qu'il emploie sont toujours plus ou moins *rompues,* c'est-à-dire que leurs qualités natives ont été modifiées ou *corrompues* par le mélange d'autres couleurs. En outre, elles portent en elles une somme de lumière ou d'obscurité variable. Or cette somme de lumière ou d'obscurité, qu'on nomme *valeur* et qui détermine le ton de la couleur, exerce sur cette dernière une telle influence, que le ton parfois domine la couleur et suffit à provoquer des accords inattendus.

Ainsi le jaune et le bleu, couleurs primitives, sympathisent assez mal quand ils sont à égale « valeur ». Cependant un jaune très clair mis à côté d'un bleu très foncé produit une harmonie des plus agréables ; pareillement, un jaune-paille s'associe très bien à un bleu presque déteint. Il en est de même pour le rose et le bleu très clair, quoique les couleurs qui leur donnent naissance, le rouge et le bleu, soient hostiles l'une à l'autre. Par une étude judicieuse des valeurs, on peut donc non seulement atténuer le mauvais effet produit par le rapprochement de deux couleurs théoriquement antipathiques, mais encore éveiller entre elles une sorte de sympathie qui rend leur voisinage agréable.

LXX. — DANS L'EXÉCUTION D'UNE DÉCORATION INTÉRIEURE LE CHOIX DES COULEURS, DES NUANCES ET DES TONS NE DOIT PAS ÊTRE DÉCIDÉ THÉORIQUEMENT, MAIS COMBINÉ EMPIRIQUEMENT AVEC UNE ATTENTION SPÉCIALE ET DES PRÉCAUTIONS NOMBREUSES.

C'est surtout en matière d'optique que notre organisme, tout parfait qu'il puisse être, est sujet à illusions. Or, le rôle du décorateur habile consiste bien moins à rectifier ces illusions qu'à en tirer parti, et même à en créer de nouvelles. Pour cela, il lui faut, en premier lieu, tenir compte de la curieuse propriété qu'ont les couleurs franches, lorsqu'elles frappent notre rétine, de provoquer en nous l'apparition des nuances complémentaires.

On sort dans la rue, le temps est beau ; le soleil baigne de sa lumière une large affiche verte qui attire les regards. On s'arrête ; on lit le texte de cette affiche ; une minute, deux minutes sont occupées par cette lecture. Ensuite on regarde autour de soi, et tout ce qui entoure paraît teinté de lueurs incandescentes. Pourquoi cela ? Parce que le rouge est la nuance complémentaire du vert. Une dame brode un coussin rouge. Pour pouvoir bien suivre son ouvrage, qui absorbe toute son attention, elle s'est rapprochée de la fenêtre, de façon que la lumière frappe en plein sur son coussin. Une personne entre ; elle lève la tête et voit la figure de cette personne teintée de nuance cadavérique. Pourquoi cela ? Parce que le vert est la nuance complémentaire du rouge.

Veut-on rendre l'expérience plus frappante encore? Il suffit de reprendre la roulette ou le tourniquet dont nous nous sommes précédemment servis. Au lieu de colorer notre disque complètement et avec différentes teintes, comme nous l'avons fait tout à l'heure, couvrons-le seulement et jusqu'à moitié de sa largeur avec une couleur unique, laissant en blanc autour du rond central une large bande circulaire. Maintenant imprimons un rapide mouvement de rotation à notre appareil. La partie colorée du disque gardera sa couleur, mais la bande blanche abdiquera la sienne, et la nuance dont elle se revêtira sera justement la complémentaire du ton central.

Retenons bien le sens et la portée de cette petite expérience, car elle peut nous être, par la suite, d'un très grand secours. Elle nous permettra, en effet, chaque fois que nous le souhaiterons de découvrir sans effort la nuance dont le rapprochement est le plus propre à faire ressortir la couleur que nous voulons employer; et les chances d'erreur sont ici d'autant moins grandes que nous pouvons toujours faire la preuve de notre première expérience. Il nous suffira, pour cela, de superposer, par portions égales, cette couleur nouvelle à celle qui l'a fait naître, et de nous assurer si, fondues par la rotation, elles produisent du blanc ou un gris très accusé. C'est cette connaissance, au surplus, instinctive, raisonnée ou apprise, qui a permis aux grands coloristes d'enfanter leurs plus brillants chefs-d'œuvre.

Lisez les pages si remarquables que Fromentin a consacrées à l'analyse de la *Pêche miraculeuse* de Rubens. Vous y apprendrez que ces demi-tons délicats qui nous charment dans l'œuvre du maître, sont exécutés avec de simples gris, et sont colorés par le voisinage des tons éclatants qui les teintent de notes complémentaires. Demandez à M. Charles Blanc le secret qu'Eugène Delacroix employait pour donner à ses couleurs principales un si magique accent. Il vous dira qu'il l'obtenait par des complémentaires mélangées dans les ombres.

Maintenant, quittant ces sommets de l'art et rentrant dans notre rôle de simples décorateurs, transportons-nous dans l'appartement où nous devons opérer, et voyons avec quelles complications nous allons nous trouver aux prises. Prenons une pièce, un salon, dont les rideaux sont d'un rouge ardent, cerise, grenat ou cramoisi. Le soleil entre gaiement dans ce salon, et sa lumière, qui joue sur les meubles et les tapis, nous semble d'un beau blanc, bien transparent et bien clair. Tirons nos rideaux. — Voilà qui est fait. — L'obscurité règne dans notre pièce. Maintenant écartons-les légèrement au centre, de façon à laisser filtrer seulement un petit rayon du diamètre d'une pièce de cinq francs. A un mètre de son point de départ, recueillons ce rayon lumineux sur une feuille de papier ou sur un écran bien blanc. De quelle couleur sera ce rayon? Nous paraîtra-t-il incolore? Non, il sera vert. Ainsi il a suffi que notre filet lumineux passât dans le voisinage de deux surfaces rouges, pour qu'il prît à nos yeux une coloration complémentaire du rouge; et quand nous choisissons ici des rideaux cerise ou grenat, il va sans dire que c'est tout simplement parce que le résultat obtenu est plus saisissant. Toute autre couleur produirait un effet de même nature [1].

Eh bien, cette coloration artificielle qui nous frappe si vivement lorsque notre rayon est condensé, concentré sur un petit espace, va-t-elle disparaître lorsque nous donnerons un plus libre accès au jour? Non pas. Elle cessera, il est vrai, d'être sensible pour notre œil; mais elle n'en con-

1. Cette curieuse expérience a été indiquée par Monge dans sa *Géométrie descriptive*, mais sans que l'illustre savant en ait tiré les enseignements pratiques qu'elle comporte.

tinuera pas moins de se manifester par les modifications qu'elle fera subir à la tonalité des murailles ou des objets répartis dans notre pièce, par des redoublements d'harmonie ou par certains désaccords qui pourront survenir entre les diverses nuances de ces objets, sans que nous ayons conscience, toutefois, de leur cause primordiale. Au point de vue des couleurs, il se produit, en effet, dans notre système optique une sorte d'*accommodation* constante qui nous amène insensiblement à transposer toute une gamme de couleurs, comme un enfant transpose un air pour l'accommoder à sa voix, sans se douter de l'opération musicale à laquelle il se livre. C'est ainsi que le soleil couchant, empourprant l'horizon, éclaire les objets qu'il frappe d'une lumière rouge intense : et cependant cette lumière nous paraît seulement être dorée. De même, si nous séjournons dans une chambre éclairée par un vitrail légèrement teinté, au bout d'un temps relativement très court, nous perdons la sensation de cet éclairage insolite, et nous continuons à percevoir la couleur du vitrail, mais non plus celle qui teinte les meubles répartis dans la pièce. Bien mieux, ces derniers, pourvu qu'ils ne se trouvent pas soumis à l'action directe d'un rayon de soleil, nous semblent revenus à leur coloration naturelle.

On voit, par ces quelques observations, combien tous les problèmes qui touchent à la décoration sont délicats, et on se rend mieux compte de l'effet, trop souvent discordant, qu'une décoration exécutée au dehors et jugée fort belle, produit quand elle est ensuite placée dans une pièce pleine de reflets, et éclairée dans des conditions dont l'artiste n'a point songé à se préoccuper.

Peut-être pourrait-on parvenir à résoudre scientifiquement ces sortes de problèmes, si l'on n'avait à compter qu'avec des modifications provenant des vitrages ou des rideaux, c'est-à-dire de causes intérieures ; mais il s'en faut de beaucoup que les rayons lumineux nous arrivent du dehors à l'état de pureté absolue. A la campagne, aussi bien que dans les villes, il n'est peut-être pas une maison, pas un appartement, pas une pièce, où la lumière pénètre à l'état pur, c'est-à-dire sans avoir été préalablement modifiée par des reflets. A la campagne, elle s'est colorée en filtrant à travers un grand arbre, en frôlant une pelouse, une corbeille fleurie, le sable de l'allée. A la ville, ce sont les constructions voisines qui l'ont plus ou moins altérée. Suivant que la maison qui nous fait vis-à-vis est en briques ou en pierres, la modification subie par le rayon lumineux est différente. En mer même, on n'échappe pas à ces complications, le plus souvent impossibles à prévoir. Le Mont-Saint-Michel, sur son rocher de granit isolé au milieu des flots, en offre un frappant exemple. Deux cellules qui se succèdent y sont, à certaines heures du jour, éclairées, la première par une lumière ambrée, chaude et généreuse ; la seconde par une lumière verdâtre, froide et sèche, qui forment un étonnant contraste. Cette différence provient de ce que la lumière, avant de pénétrer dans la première cellule, caresse un vieux mur roussi, alors qu'elle arrive dans la seconde réfléchie par la masse glauque de la nappe d'eau qui entoure le mont.

Le mieux, en présence de pareilles complications, est donc de procéder par empirisme, c'est-à-dire, lorsque la décoration est mobile et se compose d'objets indépendants, meubles, tapis, tentures, qui peuvent être mis en place et retirés, de les présenter à l'endroit qu'ils doivent occuper, — et, pour les décorations fixes, de les exécuter en leur place définitive, et non point dans un atelier, différant forcément, comme éclairage, de la pièce à laquelle ils sont destinés. C'est, du reste, dans cette exécution en place qu'il faut chercher le charme intime et si particulier des fresques, bien supérieur à celui des peintures brossées au loin et marouflées après coup.

LXXI. — Lorsqu'un artiste est obligé d'exécuter une décoration murale en dehors du lieu où elle doit être placée, et dans l'ignorance des conditions exactes d'éclairage auxquelles cette décoration sera soumise, il doit concevoir sa composition dans des tonalités neutres qui, s'accordant avec toutes les nuances, ne risquent pas de produire un effet discordant.

Il arrive souvent qu'un artiste, pour des raisons de convenance ou autres, se voit contraint de peindre, soit dans son atelier soit dans tout autre endroit, une décoration appelée à prendre place sur une paroi dont l'éclairage diffère essentiellement de celui auquel l'œuvre est soumise au cours de son exécution. Dans ce cas, le seul moyen qu'il ait d'éviter des discordances fâcheuses qui pourraient naître de la qualité de la lumière nouvelle et de reflets dont il n'a pu analyser la composition, c'est de concevoir sa peinture dans des tonalités générales qui s'accommodent de tous les voisinages. Nous avons dit plus haut que le gris, participant, comme le blanc, de la réunion, de la concentration des six couleurs du prisme, jouissait de ce rare privilège. En donnant une tonalité grise à l'ensemble de la composition, on parvient donc à éviter les notes discordantes. C'est ce qu'a parfaitement compris M. Puvis de Chavannes. Ses grandes et magistrales décorations ont pu parfois être discutées quand elles étaient présentées isolément dans nos expositions ; mais leur savante harmonie a toujours ravi ceux qui ont pu les considérer dans leur emplacement définitif.

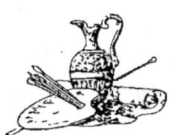

LXXII. — Dans le choix et la répartition de ses tonalités principales, l'artiste doit aussi tenir compte du degré d'éclairage de la pièce et des variations que peuvent subir l'intensité et la répartition de la lumière.

« Quand vient le soir, écrit M. A. Laugel, les tons rouges s'éteignent les premiers. Une vache rousse dans un pré devient très rapidement invisible. Après les tons rouges, les jaunes disparaissent, puis les tons verts ; les arbres ne montrent plus que des silhouettes noires ; le bleu du ciel, au contraire, persiste jusqu'au milieu de la nuit. » — Ce sont là des constatations que chacun de nous a été ou est à même de faire quand il lui plaira.

Lorsque l'obscurité grandit progressivement dans un intérieur, soit par suite de l'abaissement naturel du jour, soit pour toute autre cause, un phénomène analogue se produit. Les tons qui participent du rouge et du jaune prennent les premiers un aspect sombre, tournant de plus en plus au noir, alors que les tons dérivant du bleu — et qu'en termes de photographes, on qualifie photogéniques — continuent, au contraire, de rayonner la lumière, et, par le contraste, semblent redoubler de clarté. Or, lorsqu'un artiste représente en peinture une scène quelconque, il est amené à employer justement ces tons photogéniques pour ses ombres, alors que les tons chauds, — comme cela a lieu, au reste, dans la nature, — lui servent à dorer les parties lumineuses. C'est pourquoi à mesure que le jour baisse il s'effectue dans sa composition une transposition bizarre et voisine du contresens. Les parties qui devraient rester fortement éclairées deviennent de plus en plus enfumées, noires, tandis que les parties ombrées s'éclaircissent de plus en plus. Tel est le secret de cet aspect roux, terreux, couleur de brique, que prennent les carnations de certaines tapisseries ou de certains tableaux exposés à contre-jour, alors que les draperies et les parties ombrées, au contraire, semblent déteintes, tant elles paraissent pâles [1].

Le décorateur habile ne laisse pas que de tenir compte de ces modifications faciles à prévoir, et lorsque la décoration qu'il exécute est destinée à un endroit légèrement obscur, il a bien soin de réchauffer ses ombres et de tenir ses lumières relativement froides. C'est dans cette précaution qu'il faut chercher, en partie, le secret de l'étonnante harmonie que présentent les peintures hollandaises, dont le coloris reste lumineux même dans les pièces le plus sombres.

LXXIII. — DANS LA CONCEPTION COMME DANS L'EXÉCUTION DE DÉCORATIONS COMPLIQUÉES, L'ARTISTE NE DOIT PAS AVOIR SEULEMENT EN VUE LA PARTIE QU'IL EST CHARGÉ DE TRAITER ; IL DOIT SE PRÉOCCUPER AUSSI DE CRÉER AVEC LES PARTIES AVOISINANTES DES ENSEMBLES HARMONIEUX, ET NE JAMAIS S'EFFORCER DE SUBORDONNER L'EFFET GÉNÉRAL A L'ÉCLAT DE SON ŒUVRE PARTICULIÈRE.

« Rien n'est beau sans unité, écrit Diderot, et il n'y a point d'unité sans subordination. » C'est là une vérité que le décorateur ne doit en aucun cas perdre de vue. Le groupement des couleurs dont il revêt une muraille, un appartement, etc., ne constitue jamais qu'un décor, souvent même qu'une fraction de décor, et ne saurait être autre chose. Il ne suffit donc pas, pour que son œuvre soit parfaite, qu'elle ne contienne en soi aucun effet discordant ; il est encore indispensable qu'elle s'accorde avec toutes les parties qui l'entourent, et que de cet accord résulte une de ces har-

1. « Voici la *Bataille de Constantin*, écrit M. Taine (*Voyage en Italie*, tome 1ᵉʳ, p. 216), dessinée par Raphaël et peinte par Jules Romain avec de la brique pilée, je suppose ; probablement aussi il a plu dessus, et la couleur, détrempée, s'en est allée par places. » — Cet aspect singulier des carnations provient plus probablement du mauvais éclairage de la pièce.

monies captivantes qui sont le charme des belles décorations. Il faut, en outre, que l'ouvrage reste à son plan, c'est-à-dire qu'il ne sollicite l'attention que dans une mesure discrète. Comme le chœur antique, il doit soutenir l'action, l'expliquer parfois, mais ne jamais se substituer à elle. Une belle décoration bien comprise doit nous révéler, au premier coup d'œil, le lieu où nous pénétrons et sa destination habituelle. Elle ne doit jamais, par l'éclat excessif de sa coloration, absorber notre attention d'une façon exclusive, et usurper le premier rang dans nos préoccupations. Sa mission est de faire valoir tout ce qu'elle enveloppe, et non pas de l'écraser par une splendeur exagérée.

LXXIV. — MÊME LORSQUE LE RÔLE DU DÉCORATEUR SE BORNE A COUVRIR LA MURAILLE D'UNE TEINTE UNIE, A LA REVÊTIR D'UN PAPIER OU D'UN TISSU, LE CHOIX DES COULEURS DEMEURE IMPORTANT. L'ARTISTE, DANS LA PRÉFÉRENCE QU'IL ACCORDE A CERTAINES D'ENTRE CES COULEURS AUSSI BIEN QUE DANS LA DISPOSITION DE LEURS MASSES, NE DOIT JAMAIS PERDRE DE VUE QU'ELLES ONT POUR MISSION DE FORMER UN CADRE HARMONIEUX, CHARGÉ DE METTRE EN VALEUR LES PERSONNES ET LES OBJETS QUI SE TROUVENT DANS LA PIÈCE.

Une prescription que certains artistes ont une tendance fâcheuse à oublier, c'est que nos habitations doivent être avant tout façonnées, accommodées et décorées pour la plus grande satisfaction de ceux qui y demeurent. Il est donc indispensable d'apporter le plus grand soin dans le choix et l'assortiment des couleurs destinées à former le fond de la décoration; car c'est un procédé assez peu aimable que de faire paraître, grâce à d'imprudentes colorations, le teint d'une jeune femme rouge comme une pivoine ou, au contraire, livide et terreux.

Pour ne pas commettre de ces fautes malencontreuses,

il est nécessaire de bien connaître les qualités particulières qui distinguent les couleurs, et l'effet que chacune d'elles produit. Pour cela, un peu d'observation suffit. Personne, en effet, n'ignore qu'au point de vue du sentiment, on divise les couleurs en trois grandes catégories, à savoir : 1° les couleurs chaudes, qui sont celles où le jaune et le rouge dominent; par exemple l'orangé, le cerise, l'écarlate, les bruns roux, le vert mousse, etc.; 2° les couleurs froides, qui sont celles où le bleu joue le rôle principal, comme l'azur, le vert glauque, le vert d'eau, le gris de perle, le violet clair, le gris cendré, etc., etc.; et enfin 3° les couleurs neutres, qui sont le blanc, le noir et les diverses sortes de gris.

Dans la décoration, excepté quand il s'agit de cérémonies ayant un caractère funèbre, le noir est peu employé, — par grandes masses du moins. La contemplation de cette négation de toute couleur est morose. Même dans le mobilier, où il est utilisé parfois pour de petites surfaces, la présence du noir exige, pour être supportable, l'adjonction de rehauts très éclatants, rouges, jaunes d'or, etc. Le blanc pur n'est guère plus usité. Son seul avantage est de bien *s'éclairer ;* mais son éclat froid et monotone fatigue les yeux et noircit par le contraste les étoffes les plus claires et les carnations les plus fraîches. En outre, employé comme repoussoir, le blanc ne se contente pas d'assombrir les surfaces; il les épaissit. Le noir *boit* les contours; le blanc, au contraire, les alourdit et les empâte[1]. Les diverses sortes de gris, par contre, s'éclairent bien et, nous l'avons dit plus haut (proposition LXXI), s'harmonisent avec toutes les

---

[1]. On ne cite guère, au surplus, qu'un seul exemple de blanc pur employé comme décoration. En 1782, lors de l'inauguration du Théâtre français (aujourd'hui l'Odéon), l'architecte de Wailly, pour donner plus d'éclat à la salle, l'avait fait peindre en blanc. Nos aïeules ne manquèrent pas de protester contre cette innovation malencontreuse. « Les femmes, écrit Bachaumont, se plaignent que l'éclat du blanc qui règne généralement dans la salle affadit les traits et les éclipse tout à fait. » (*Mémoires secrets*, tome XX, p. 210).

nuances. C'est ce qui a fait choisir cette nuance au xviie et au xviiie siècle pour la décoration de ces magnifiques lambris qui font encore notre admiration. Car il convient d'observer que les décorations qualifiées « blanc et or » et celles aussi qu'on désignait jadis sous le nom de « blanc des carmes », sont des gris parfois très montés, mais que le défaut de points de comparaison fait paraître blancs.

Les nuances froides s'éclairent bien, elles aussi. Le bleu, en outre, donne aux carnations blanches un reflet rosé. Aussi dit-on de lui qu'il est le « fard des blondes ». Le vert, par contre, exalte les visages colorés, au point de leur communiquer les apparences de la couperose. Les couleurs chaudes pâlissent le teint ; c'est pourquoi les personnes très brunes portent volontiers de l'orangé et du jaune. Quant au rouge, surtout lorsqu'il est monté de ton, il convient à la plupart des carnations, et, agissant d'une façon harmonique, il leur donne à la fois de l'éclat et de la blancheur[1]. Enfin le rouge est encore la couleur d'apparat, la couleur officielle par excellence[2].

Ces rapides observations suffiront à faire comprendre toute l'importance qui s'attache au bon choix et à l'heureuse association des couleurs. Mais l'harmonie qui résulte de ce choix et de cette association dépend d'une telle variété de causes, souvent imprévues, parfois même en apparence con-

---

1. La constatation de cette qualité ne laisse pas que d'être ancienne. Boursault, il y a plus de deux siècles, écrivait dans son *Mercure galant* (acte Ier, scène III) :

> Il est vrai, le gros rouge est une couleur sombre
> Qui détache la chair par le secours de l'ombre.
>
> C'est un fard innocent sans pommade ni drogue,
> Et voilà la raison qui l'a tant mis en vogue.

2. Sous l'ancien régime, le rouge était réservé au roi. En 1688, Louis XIV ayant fait remeubler à neuf les appartements de Marly : « Ils n'étoient que de damas, écrit Dangeau, en parlant de ces appartements ; ils sont présentement de velours et de brocart. On a seulement conservé les couleurs : le rouge pour le roy, le vert pour Monseigneur (le Dauphin), le bleu et l'aurore pour Monsieur et Madame. »

tradictoires, qu'il est impossible de tracer un ensemble de règles fixes, s'appliquant à la multitude des cas qui peuvent se présenter. Notre but doit donc être uniquement d'éveiller l'attention de nos lecteurs sur ces complications aussi nombreuses que variées, et qui expliquent comment on a dit et répété de tout temps, qu'il était imprudent de disputer des couleurs.

LXXV. — TOUT APPARTEMENT DÉCORÉ AVEC GOUT DOIT PRÉSENTER UNE GAMME ASCENDANTE OU DESCENDANTE DE VALEURS QUI ENVELOPPE LA PIÈCE, SANS QU'AUCUNE ZONE DISCORDANTE VIENNE INTERROMPRE LA PROGRESSION DE CETTE GAMME ET EN DÉTRUIRE L'HARMONIE.

Ici nous entrons dans un nouvel ordre d'observations Pour achever d'être harmonieuse, il ne suffit pas qu'une décoration soit en parfait accord avec elle-même et avec les personnes qui doivent vivre et habiter au milieu de cette décoration ; il faut encore qu'elle soit agencée de telle façon, équilibrée de telle sorte, qu'elle compose une manière de cadre idéal, nous enveloppant de la tête aux pieds, sans que rien ne vienne arrêter son développement ou détruire sa progression harmonique. En d'autres termes, il nous faut la combiner de manière que, du plafond au plancher, toutes les surfaces se relient ensemble par une communauté d'origine et par une succession de tons et de *valeurs*, qui conduisent l'œil d'un plan à un autre sans soubresaut.

Un exemple aidera à mieux nous faire comprendre. Un tapissier chargé de meubler et de décorer un salon a fait disposer sur le parquet un tapis genre de la Savonnerie, à fond blanc, orné de bouquets d'une agréable fraîcheur (voir fig. 89). Autour de ce tapis règne un lambris d'appui peint en palissandre, qui supporte une tenture gris-perle ou vert d'eau. Enfin, au-dessus de la tenture se développe une corniche peinte, comme le lambris, et simulant du pa-

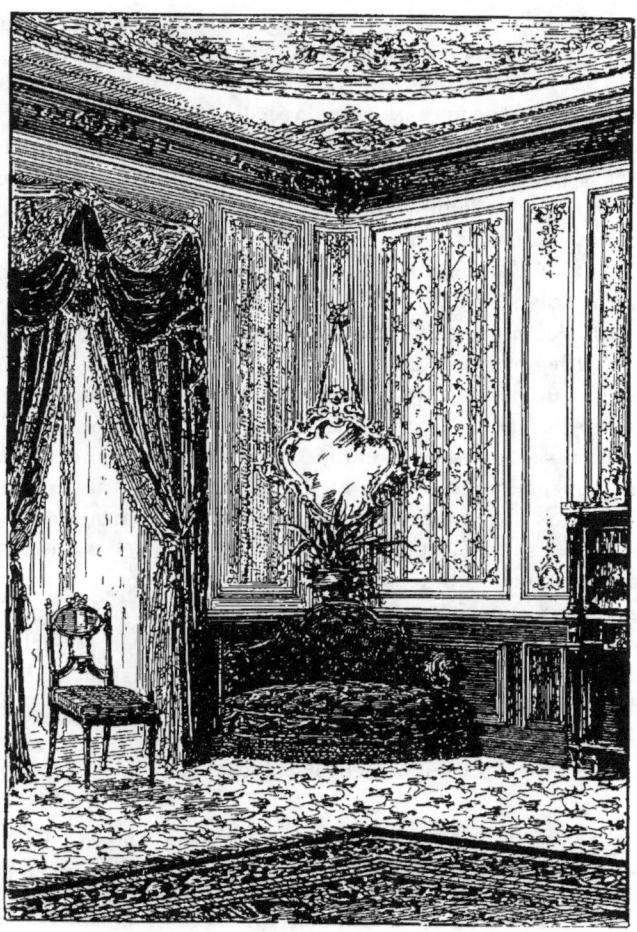

Fig. 89. — Appartement décoré par zones tranchées de valeur différente.
EXEMPLE CONDAMNABLE.

lissandre, qui aboutit à un plafond d'un blanc irréprochable. Quel effet produira une pareille décoration ? Cette succession de bandes heurtées enlèvera à la décoration son caractère d'unité ; elle la divisera en une série de zones discordantes et formera un bariolage déplaisant.

Supposons, au contraire, que notre tapissier ait recouvert le parquet d'un tapis d'Orient aux nuances montées et sourdes. Un lambris d'appui en noyer ou en marqueterie, un peu moins sombre déjà, relie ce tapis à une tenture de tonalité chaude, mais sensiblement plus claire, pendant qu'une corniche d'un gris soutenu et rehaussé de quelques traits d'or raccorde cette tenture à un plafond simulant un ciel légèrement teinté (voir fig. 90). Nous voilà en présence d'une harmonie plus douce ; rien ne tire l'œil ; rien ne crie ; rien ne détonne. Le regard, en se déplaçant de haut en bas, passe sans effort d'une surface à celle qui la suit. Du plafond au tapis et du sol au plafond il se promène sans rien rencontrer qui le heurte et le trouble.

Ce qui se produit dans l'œuvre du tapissier se reproduit dans celle du décorateur. Celui-ci, lorsqu'il est suffisamment expérimenté, choisit toujours dans sa composition un point de lumière ou un point d'ombre, et partant de ce point il établit, suivant les cas, une gradation ou une dégradation, une gamme ascendante ou descendante de couleurs et de tons, dont aucune zone discordante ne vient contrarier le développement harmonique.

LXXVI. — LORSQUE L'ON COMBINE L'AMEUBLEMENT D'UNE PIÈCE, IL EST INDISPENSABLE DE RELIER PAR DES COULEURS COMMUNES LA DÉCORATION MOBILE ET MEUBLANTE DE CETTE PIÈCE A SA DÉCORATION FIXE, AFIN DE CRÉER ENTRE CES DIVERS ÉLÉMENTS UN AIR DE FAMILLE INDIQUANT UNE COMMUNAUTÉ D'ORIGINE ET DE PENSÉE.

La beauté résulte, dans la coloration comme dans la forme, de la variété introduite dans l'unité ; c'est-à-dire

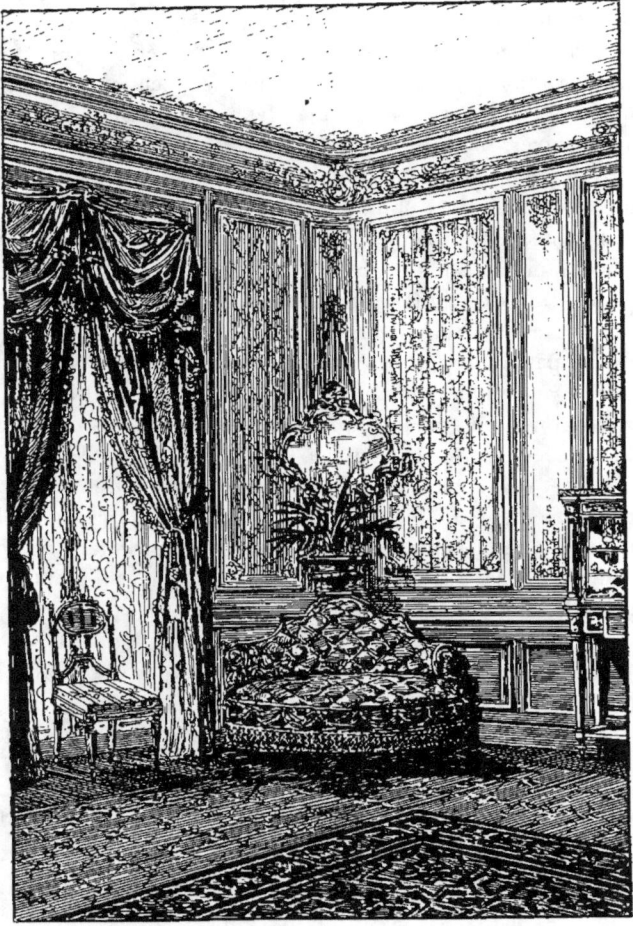

Fig. 90. — Appartement dont la décoration suit, comme valeur, une marche progressive.
EXEMPLE A SUIVRE.

que la variété des sensations produites par une décoration doit se fondre dans l'unité de l'impression générale. Pour cela il est indispensable non seulement de choisir une couleur dominante, mais encore de rappeler cette couleur, de la faire reparaître dans toutes les parties principales ou accessoires du mobilier.

Il demeure bien entendu qu'il ne s'agit pas d'imposer à tous nos meubles, non plus qu'à nos tentures, une livrée commune, identique, qui enlèverait toute variété à notre ameublement. Dans le choix des couleurs, comme dans la disposition des lignes, on peut procéder par analogie, et l'analogie ici s'obtient par ce qu'on appelle des *échos,* c'est-à-dire par la répétition de tons déjà employés. Pour imprimer aux divers membres de notre mobilier cet air de famille dont nous parlons plus haut, nous aurons donc soin de faire reparaître la couleur dominante de notre décoration fixe, soit sous forme de fond, de champ, de bandes ou d'encadrements, dans la partie mobile de notre ameublement. De cette façon nous indiquerons clairement que cet ensemble n'est pas une agglomération de hasard, mais qu'il procède d'une pensée réfléchie.

LXXVII. — TOUTEFOIS, ON PEUT LAISSER LES MEUBLES ACCESSOIRES, LES OBJETS D'ART ET DE CURIOSITÉ, TRANCHER PAR LEUR RICHESSE, PAR L'ÉCLAT ET LA VARIÉTÉ DE LEURS COULEURS, SUR LA TRANQUILLITÉ DU FOND. CETTE DÉROGATION ACCENTUE LEUR CARACTÈRE INDÉPENDANT, ET FAIT MIEUX COMPRENDRE QUE LEUR PRÉSENCE EST ACCIDENTELLE.

Dans les arts de l'ameublement, comme du reste dans les autres arts, il n'est guère de règles qui ne comportent d'exceptions. « Tous les ouvrages de l'art, écrit Montesquieu[1] ont des règles générales, qui sont des guides qu'il ne faut jamais perdre de vue. Mais comme les lois sont

---

1. *Essai sur le goût* (*Œuvres complètes*, VII, p. 163.)

toujours justes dans leur être général, mais presque toujours injustes dans l'application; de même les règles, toujours vraies dans la théorie, peuvent devenir fausses dans l'hypothèse. ». Indépendamment des décorations murales et du mobilier proprement dit garnissant une pièce, il est bien rare que celle-ci, pour peu qu'elle soit coquettement décorée, ne renferme pas quelques jolis meubles et quelques objets d'art qui, ne se rattachant au reste de l'ameublement par aucun lien précis, semblent avoir pris place dans notre intérieur en qualité de simples visiteurs ou à titre de souvenirs. A ces petits meubles, à ces objets d'art, il faut laisser leur cachet personnel et la livrée indépendante que le caprice leur a donnée. En respectant leur caractère fantaisiste, on souligne en quelque sorte la nature accidentelle de leur présence.

LXXVIII. — UN DES ÉLÉMENTS DONT IL FAUT LE PLUS TENIR COMPTE DANS LA DÉCORATION D'UN APPARTEMENT, C'EST LA DISTRIBUTION DU JOUR. LA LUMIÈRE, POUR PRODUIRE SON MAXIMUM D'EFFET, DOIT ÊTRE SACRIFIÉE SUR CERTAINS POINTS ET CONCENTRÉE SUR D'AUTRES.

Imaginez un tableau dans lequel une lumière complètement diffuse éclairerait tous les objets avec une intensité absolument égale. Un pareil tableau ne nous séduirait guère. Il semble qu'il manquerait d'intérêt et que sa contemplation ne laisserait pas que d'être fatigante. Aussi les peintres, qui savent cela mieux que personne, ont-ils recours au précieux artifice du *clair-obscur,* pour établir entre les différentes parties de leur composition une subordination indispensable. Par ce procédé ils empêchent que l'œil du spectateur ne se fatigue, sollicité qu'il serait sans cela, à la fois et d'une égale façon, par toutes les formes réunies sur une même toile.

Lorsqu'un artiste est chargé de la décoration et de l'ameublement d'une pièce, il doit se pénétrer de préoccupations identiques. S'il permettait à un jour intense de se répartir également partout, l'attention du visiteur, tiraillée en sens divers, par la forme et la couleur des meubles, des objets différents répartis dans la pièce, et des décorations qui en garnissent les parois, ne sachant où se fixer, éprouverait bien rapidement une pénible lassitude. Aussi, en réglant les prises de jour, quand cela est possible, ou, quand les baies ont été préalablement établies, en modérant la clarté qui pénètre dans la pièce, à l'aide de jeux de rideaux ou de stores, le décorateur habile parvient-il à concentrer l'éclairage sur certains points et à l'atténuer sur d'autres. De même, le soir, il obtient un résultat analogue par la façon dont il dispose et masse ses lumières. A l'aide d'abat-jour, de réflecteurs et d'écrans, il augmente ou mitige leur éclat, et constitue ainsi une sorte de *clair-obscur* dont l'effet est d'autant plus agréable que, par suite de contrastes inattendus, la valeur et l'importance des objets se trouvent souvent modifiées. De cette manière, et sans que la symétrie cesse d'exister, les analogies deviennent moins apparentes, et le caractère pittoresque de l'ameublement augmente.

LXXIX. — Il est, en outre, indispensable que la lumière soit une. Elle doit, en conséquence, être répartie de telle sorte, que l'ensemble de la décoration ne présente pas deux masses obscures d'une même vigueur, ni deux masses lumineuses d'une même intensité.

Quand nous disons que la lumière doit être *une,* nous ne prétendons point, — ce qui serait bien différent, — qu'elle doit procéder d'un foyer unique. Une chambre, un salon, une galerie, peuvent recevoir le jour par deux, par trois, par dix fenêtres, sans que la lumière cesse d'être *une*. Le

LA DÉCORATION 135

soir, ces mêmes pièces peuvent être éclairées par plusieurs lustres, par des bras-appliques, des girandoles, des candélabres et des lampes diversement espacés, sans que l'unité d'éclairage soit rompue. Il suffit, pour que celle-ci persiste, qu'on puisse constater l'existence d'une masse claire principale et d'une masse sombre dominante. Toute nouvelle masse sombre ou lumineuse d'une intensité égale, et qui viendrait faire équilibre à la première, enlèverait à l'éclairage une partie de son charme, parce que cette dualité, divisant l'attention, aurait pour effet naturel de distraire le regard. En agissant ainsi le décorateur ne fait, au surplus, qu'imiter le peintre de talent lorsque celui-ci combine les effets d'un tableau. « Dans une composition dont les objets sont dispersés et divisés en plusieurs parties égales, écrit Reynolds[1], l'œil est embarrassé et fatigué, faute de savoir où se reposer, où trouver la principale action ou la principale figure, car lorsque toutes ces parties ont la même prétention à fixer l'attention, il est à craindre qu'on ne les néglige également toutes. » Et plus loin, parlant de Rembrandt, Reynolds ajoute : « Sa manière consiste dans une parfaite unité. Souvent ce peintre n'a employé qu'un seul groupe et ne fait voir qu'une seule masse de lumière au milieu d'une quantité d'ombre ; ou, lorsqu'il se sert d'une seconde masse, elle n'a aucune proportion avec la principale. » Ces recommandations du grand peintre anglais ne doivent jamais être oubliées par le décorateur.

LXXX. — NOMBRE D'ARTIFICES, AU SURPLUS, PERMETTENT A L'ARTISTE DE SUPPLÉER A L'INSUFFISANCE DES FOYERS LUMINEUX, ET D'AUGMENTER L'ÉCLAIRAGE APPARENT DE CERTAINES PARTIES DE LA DÉCORATION QU'IL EXÉCUTE.

Dans nos habitations modernes, le décorateur, et plus souvent encore le tapissier, règlent, nous l'avons dit, leurs

1. *Loco cit.*, VIIIe discours.

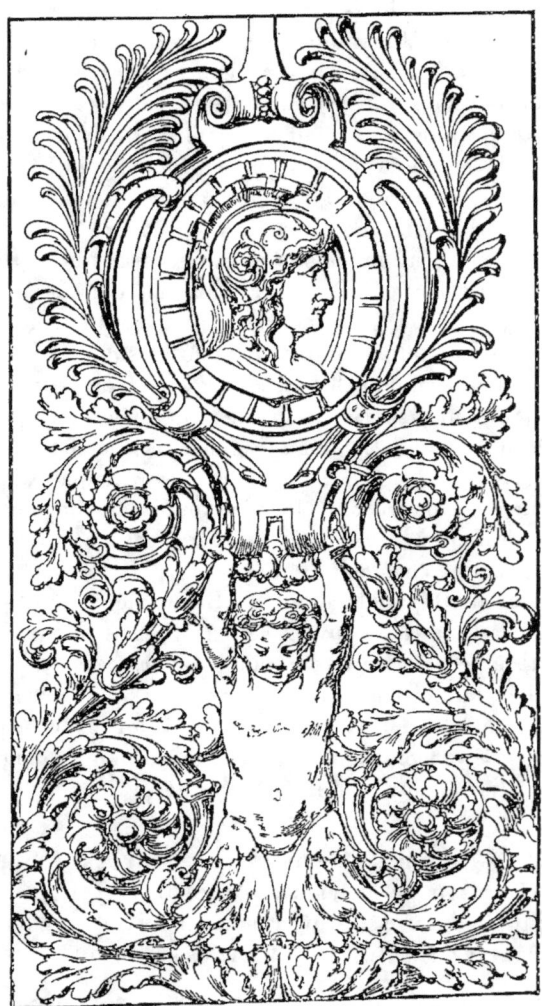

Fig. 91.

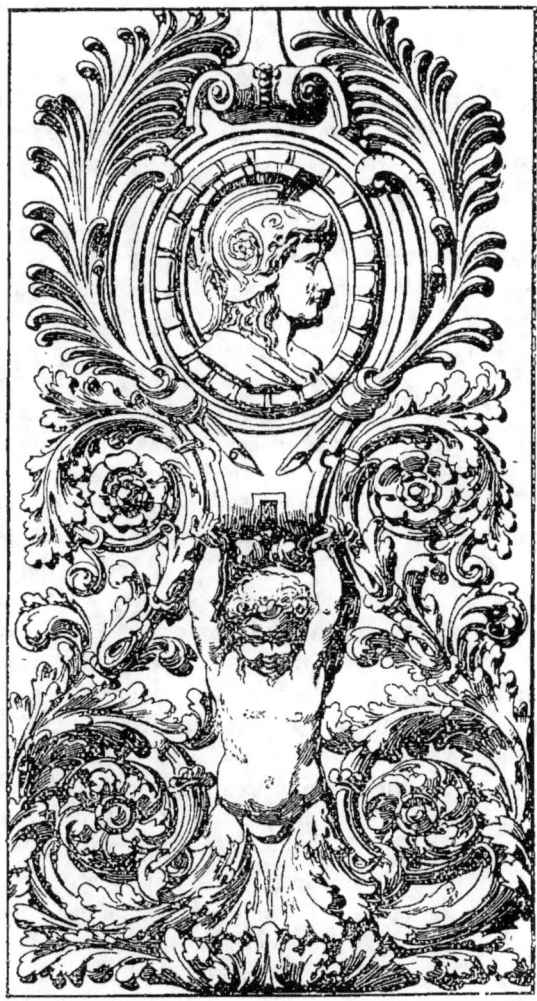

Fig. 92.

prises de jour à l'aide de stores ou de rideaux. Par ce moyen ils arrivent à créer cette unité d'éclairage qui donne à nos appartements modernes un charme si pénétrant d'intimité, et dont on tire des effets si décoratifs. Mais quand le jour, au lieu d'être trop abondant, fait défaut, pour remédier à cet inconvénient l'artiste se voit obligé de recourir à certains artifices.

Personne n'ignore que l'intensité plus ou moins grande de l'éclairage se traduit non seulement par le degré de clarté qui frappe les saillies d'un objet, mais encore par l'obscurité plus ou moins opaque qui enveloppe les parties restées dans l'ombre. Il suffit donc, pour augmenter la puissance apparente de la lumière qui éclaire une paroi, de souligner par l'application de traits sombres les saillies de cette paroi qui sont principalement exposées aux rayons lumineux. Ces traits, en venant renforcer les ombres naturellement portées, augmentent par le contraste la vigueur des reliefs et font croire à une intensité d'éclairage qui n'existe pas.

Ces exagérations d'ombres produisent une impression très remarquable, même lorsque les saillies sont simulées. Nos deux figures 91 et 92, bien que les moyens dont l'illustrateur d'un livre dispose n'aient aucune relation avec ceux qui sont à la portée du décorateur, montrent la différence d'effet qu'on peut obtenir par cet ingénieux artifice. Le superbe plafond de la galerie des Glaces, à Versailles, présente, au reste, un exemple très frappant des ressources qu'offre ce précieux stratagème. Toutefois, le décorateur ne doit pas oublier, s'il use de ce procédé, qu'il lui faut, dès le principe, prendre un parti définitif, et baser toute sa décoration sur un mode d'éclairage invariable, car tout rayon lumineux qui viendrait frapper sa paroi dans un autre sens dévoilerait sa simulation et la rendrait ridicule.

Cette faculté d'augmenter l'intensité apparente de la lumière par le renforcement des ombres, ne constitue pas, au surplus, une découverte moderne. Elle est connue et pratiquée depuis l'Antiquité. Pline le Jeune dit que, dans la peinture, rien ne rend un tableau plus lumineux que des ombres puissantes[1]. Une petite expérience très facile à faire démontre, du reste, la vérité de cette proposition. Une paroi à contre-jour paraît plongée dans un clair-obscur trop intense. Vous plaît-il de l'éclairer : ne cherchez pas à disposer sur cette paroi des objets clairs; placez-en un, au contraire, qui soit tout à fait noir. Le reste, par le contraste, paraîtra subitement lumineux.

LXXXI. — L'INTENSITÉ DE LA LUMIÈRE QUI PÉNÈTRE DANS NOS APPARTEMENTS ET LA PUISSANCE DE NOS APPAREILS D'ÉCLAIRAGE ÉTANT TRÈS SUPÉRIEURES A CE QU'ON OBTENAIT AUTREFOIS, LE DÉCORATEUR DOIT TENIR COMPTE DE CES CONDITIONS NOUVELLES, ET NE PAS S'INGÉNIER A COPIER STRICTEMENT DES DÉCORATIONS ANCIENNES, COMBINÉES ET EXÉCUTÉES EN VUE D'UN ÉCLAIRAGE DIFFÉRENT.

La passion d'archaïsme qui possède notre époque, et l'habitude prise par nos décorateurs de s'inspirer des styles anciens de l'ameublement, obligent le plus souvent nos artistes à chercher leurs exemples dans un passé lointain qui, pour avoir été extrêmement brillant, n'en est pas moins d'une imitation dangereuse. Lorsque nous nous efforçons de donner aux pièces principales de nos édifices publics ou de nos logis particuliers une ornementation pittoresque rappelant le Moyen Age ou la Renaissance, nous n'avons plus la notion précise de la difficulté que nos ancêtres éprouvaient à faire pénétrer un peu de jour dans leurs appartements les plus riches et les plus somptueux. Les nécessités de la défense et les rigueurs de la température obligeaient le constructeur à ne pratiquer, en fait d'ouvertures, que des baies étroites et rares. Il faut se sou-

---

1. Lib. III, epist. XIII, cité par Franciscus Junius dans son livre *de Pictura veterum*, p. 167.

venir qu'au Louvre même, au temps de Charles V, c'est-à-dire dans les dernières années du xive siècle, la plupart des fenêtres n'étaient point closes ; et lorsque le valet de chambre du roi, Mallet, fit transporter dans la tour de la Fauconnerie la bibliothèque royale, qui jusque-là était demeurée dans le palais de la Cité, on dut garnir de fils de fer les fenêtres de trois étages, « pour deffense des oyseaulx et aultres bestes » qui, sans cela, seraient venus nicher au milieu des manuscrits du roi[1].

Les simples particuliers, comme on peut penser, n'étaient pas logés à meilleure enseigne que leur maître et seigneur. Le *Ménagier de Paris,* livre rempli de sages conseils, recommande à ses lecteurs de clore leurs fenêtres « de toile cirée, de parchemin ou autre chose[2] ». Jusqu'à la fin du xvie siècle, les croisées vitrées furent inconnues de la plupart des Parisiens ; et un auteur du siècle dernier pouvait écrire : « Il n'y a guère plus de deux cents ans qu'on s'est avisé, en Europe, de mettre des carreaux de vitre[3]. »

Mais l'application même des vitres à la clôture des fenêtres était loin de permettre à nos ancêtres de donner accès dans leurs diverses pièces à un jour aussi brillant qu'ils le pouvaient désirer. Pour éclairer leurs appartements, beaucoup plus vastes que les nôtres, ils n'avaient pas cette ressource du fer, qui permet d'ouvrir des baies d'une étendue en quelque sorte illimitée. Ces baies, en outre, se trouvaient obscurcies par les croix épaisses des meneaux, ou par les courbes compliquées des formettes, et, quand meneaux et formettes eurent été supprimés, par la mauvaise transpa-

---

1. Th. Mortreuil, *la Bibliothèque nationale de Paris, son origine et ses accroissements;* Paris, 1878 ; p. 6.
2. On trouve dans ce livre curieux et dans les *Archives de l'art français* (n° de mai 1857) des procédés pour préparer les toiles huilées ou *terpentinées* (lire térébenthinées) qui servaient alors à garnir les fenêtres. Voir, au surplus, le *Dictionnaire de l'ameublement et de la décoration,* aux articles Chassis, Fenêtre, etc.
3. Voir *Anecdotes des beaux-arts;* Paris, 1776; tome Ier, p. 58.

rence du verre et par la complication singulière des châssis de menuiserie, obligés de multiplier leurs divisions à cause de la faible étendue des verres fabriqués en ces temps primitifs. Alors que nous nous défendons par une armature de persiennes, de stores, de rideaux, contre l'excès du jour, nos aïeux, au contraire, appelaient la lumière et la sollicitaient. Or, nous venons de constater le rôle prépondérant que l'éclairage joue dans l'aspect général d'une décoration. On comprendra donc quelle imprudence il y aurait à nous régler strictement, dans le choix et l'exécution de cette décoration, sur un passé si étrangement différent de l'époque actuelle. De là vient, au demeurant, ce goût très particulier de notre temps pour les tentures fanées, pour les étoffes passées, pour les vieilles tapisseries, dont les teintes assoupies s'accommodent mieux avec la vive lumière de nos intérieurs que les tons crus et les colorations violentes des étoffes nouvellement tissées. De là aussi la nécessité pour nos artistes de ne point copier exactement les colorations montées, usitées autrefois, et de baisser un peu l'éclat des couleurs, dont l'ancien mode d'éclairage atténuait la puissance et diminuait l'intensité.

LXXXII. — AU SURPLUS CE QU'ON EST CONVENU D'APPELER LES STYLES ANCIENS, ÉTANT L'EXPRESSION D'UN IDÉAL QUI N'EST PLUS LE NÔTRE, LA CONSÉQUENCE DE BESOINS, DE NÉCESSITÉS, OU SIMPLEMENT DE CONVENANCES QUI ONT CESSÉ D'ÊTRE, NE PEUVENT PLUS NOUS SATISFAIRE D'UNE FAÇON ABSOLUE.

Ce que nous disons des couleurs dans la proposition précédente, peut également s'appliquer aux formes. Ainsi que le remarquaient fort bien deux artistes éminents, les architectes Percier et Fontaine, il est aisé de distinguer la direction suivie par l'esprit et le goût de chaque période, rien qu'en contemplant « les détails des ustensiles domestiques, des objets de luxe ou de nécessité, auxquels involontairement l'ouvrier donne l'empreinte des formes, des contours et des types en usage de son temps [1] ».

A plus forte raison cet esprit et ce goût se reflètent-ils dans l'ornementation de nos appartements, de nos habitations, de nos palais. On se demande, après cela, comment il peut venir à l'esprit d'un artiste doué de quelque réflexion de copier exactement, pour notre usage personnel, des formes dans lesquelles s'incarne en quelque sorte un passé si différent du temps actuel. Est-il raisonnable de vouloir approprier une ornementation imaginée pour de vastes galeries, pour des chambres énormes, aux appartements rétrécis, étriqués, dont nous sommes obligés de nous contenter? Est-il intelligent d'imiter servilement des décorations conçues pour des salles d'une magistrale hauteur, quand nos plafonds sont forcément bas, et de nous modeler sur les exemples d'une société où tout était apparat, luxe brillant, étiquette et représentation, alors que chez nous l'apparat n'est plus de mise et qu'on a banni de nos mœurs l'étiquette et la représentation?

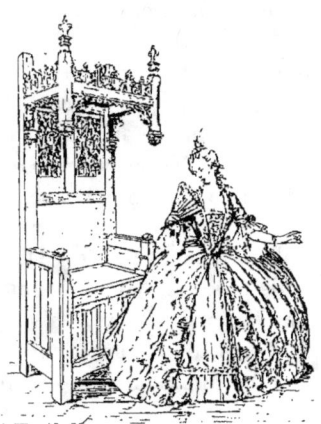

Fig. 93.

Si de la décoration nous passons à l'ameublement, le désaccord est encore plus frappant. Nous trouverions ridicule d'endosser les vêtements de nos ancêtres. L'est-il moins de nous servir de leur mobilier? Par suite de nos occupations sédentaires, nos corps ne sont plus taillés sur le

---

1. *Recueil des décorations intérieures*; Paris, 1812; Introduction.

même patron, et nos muscles n'ont plus la même trempe qu'aux siècles passés. Quel peintre, quel dessinateur oserait faire asseoir une contemporaine de Mme de Pompadour ou de Marie-Antoinette dans une stalle gothique (fig. 93)? Cependant nous nous y asseyons nous-mêmes. Et sommes-nous moins extravagants lorsque nous prélassons nos lugubres habits noirs ou nos vestons de *cheviott* dans des fauteuils couverts de brocart, ruisselants de dorures, rappelant, comme forme et comme livrée le beau temps de Mlle de la Vallière ou la faveur de Mme de Montespan?

LXXXIII. — COMME CONSÉQUENCE, LES FORMES ET LES ORNEMENTS ARCHAÏQUES NE DOIVENT ÊTRE EMPLOYÉS PAR NOUS QU'AVEC RÉSERVE, ET APRÈS AVOIR SUBI UNE ADAPTATION CONVENABLE. ILS PEUVENT NOUS AIDER DANS LA COMPOSITION ET L'AGENCEMENT DE DÉCORATIONS NOUVELLES, MAIS TOUTE RESTITUTION MOBILIÈRE QUI A LA PRÉTENTION D'ÊTRE PURE, CONSTITUE UNE ERREUR OU UNE DUPERIE.

Par ce qui précède on comprend aisément à quel contre-sens on s'expose en voulant se montrer copiste trop respectueux du passé. Certes, il peut sembler agréable à des esprits inféconds, paresseux, peu capables d'efforts soutenus, de puiser à pleines mains dans le bagage de leurs devanciers. Assurément il est commode, pour des cerveaux fatigués, de mettre à contribution la puissance créatrice d'un Le Brun, la furie magistrale d'un Le Pautre, la grâce aimable d'un Bérain, la débordante imagination d'un Meissonnier, la fécondité d'un La Fosse. C'est également chose aisée et facile que d'emprunter de toutes pièces ses portiques à Philibert Delorme ou à Diéterlin, ses arabesques à Claude Gillot ou à Salembier, ses modèles d'orfèvrerie à Étienne de Laune, à Claude Ballin ou à Pierre Germain; ses marqueteries à Boulle; ses meubles à du Cerceau, à Pineau, à Radel, à Boucher fils, à La Londe ; mais en agissant ainsi nous ressemblons, suivant l'expression imagée de Montaigne [1], « à celuy qui, ayant besoing de feu, en iroit quérir chez son voisin, et y en ayant trouvé un beau et grand, s'arresteroit à se chauffer, sans plus se souvenir d'en rapporter chez soy ».

En outre, nos besoins sont tellement différents de ceux que ressentaient nos ancêtres, — pour qui ces inventeurs ingénieux ont mis à contribution leur verve créatrice; — il y a une telle distance entre le confortable douillet d'une habitation bourgeoise actuelle et le luxe incommode des palais, des châteaux, des manoirs, auxquels nous prétendons emprunter nos modèles, que toute imitation trop consciencieuse peut passer pour une véritable duperie. Le public, en effet, n'a aucune idée de la gêne, du malaise, des souffrances mêmes, auxquels étaient soumis nos malheureux aïeux; incommodités de toutes sortes, qui faisaient dire à un auteur du XVIIe siècle :

> C'étoient là de plaisans héros,
> Qui n'avoient pas mesme en décembre
> Des vitres pour clore leur chambre
> Ni de chemise sur leur dos [2].

Non seulement les plus puissants et les plus illustres gelaient dans leurs châteaux et leurs palais ; non seulement Mme de Maintenon, criblée de rhumatismes, ne se privait guère de gémir sur les portes et les fenêtres de Trianon et de Versailles, qui livraient passage à de cruels courants d'air ; mais, faute de lampes et de bougies, ils en étaient réduits à s'enfumer le soir avec d'odorantes chandelles. Peu de linge en outre, point de pendules, point de glaces, des paillasses à la place de sommiers, et des sièges sans garnitures. Quant à la distribution des appartements, il y a deux

---

1. *Essais*, liv. Ier, chap. XIV.
2. Perrault, *Parallèle des anciens et des modernes*.

siècles, « les personnes les plus riches et les plus distinguées par leur rang et par leur naissance vivoient en famille ; de façon que le maître, la maîtresse, les enfants et les domestiques se trouvoient réunis dans une même chambre, qui servoit à la fois de cabinet d'étude, de chambre à recevoir, de chambre à coucher, de salle à manger et même de cuisine[1] ». Jusque dans les palais et les maisons royales, la confusion la plus grande régnait entre les diverses pièces du logis. Louis XIV recevait les ambassadeurs dans sa chambre à coucher, et dînait en public dans son antichambre.

On voit, par ces quelques constatations, combien il serait imprudent de prétendre combiner une installation, une décoration, un ameublement, dans un de ces styles lointains qui répondent à un état social si différent du nôtre. Ce serait, en effet, s'exposer non seulement à de cruels mécomptes, mais à des discordances singulières ; car, en admettant qu'on pût restituer une pièce intégralement, celle-ci jurerait avec ses voisines, et même, si l'on pouvait assurer à toutes les pièces d'une habitation un caractère d'archaïsme parfait, à moins d'adopter une tenue de carnaval, nos vêtements modernes produiraient la plus singulière impression dans ce milieu d'une exactitude rigoureuse[2].

Les copies trop fidèles ne peuvent donc, au point de vue des convenances, que produire un fâcheux effet. Au point de vue de l'art, leur résultat ne saurait être meilleur ; car les copistes se laissent presque toujours séduire par les défauts de ceux qu'ils imitent, et cela s'explique aisément. Les grandes qualités étant généralement communes aux grands artistes, ce sont surtout leurs incorrections per-

---

1. *Mémoires dans lesquels on cherche à déterminer quelle influence les mœurs des François ont sur leur santé*, par M. Maret ; Amiens, 1762 ; p. 106.
2. Il faut bien comprendre, en effet, que les habits bariolés de nos ancêtres, qui servaient de premier plan aux décorations de leurs hôtels et de leurs palais, donnaient à ces décorations une tout autre valeur que nos habits lugubres.

sonnelles qui constituent leur principale originalité. « En imitant un maître, écrit Reynolds, on est insensiblement amené à copier ses particularités et à prendre ses défauts mêmes pour des beautés, quoique le modèle qu'on s'est choisi soit le meilleur et qu'on ait le talent de distinguer les véritables beautés qui se trouvent dans ses ouvrages[1] ». Ce que Reynolds écrit d'un maître dont on imite la manière, s'applique encore bien mieux à un style dont on prétend s'inspirer exactement.

LXXXIV. — SI LA COPIE EXACTE DE DÉCORATIONS REMONTANT A UNE ÉPOQUE SENSIBLEMENT ANTÉRIEURE DOIT ÊTRE CONSIDÉRÉE COMME FACHEUSE, IL N'EN EST PAS MOINS PERMIS AU DÉCORATEUR, OBLIGÉ DE VARIER CONSTAMMENT SA MANIÈRE POUR SATISFAIRE AUX PROGRAMMES QUI LUI SONT IMPOSÉS, DE S'INSPIRER DE L'EXEMPLE DES MAÎTRES QUI L'ONT DEVANCÉ.

Ce que nous venons de dire des copies serviles, ne saurait s'appliquer aux adaptations intelligentes. Repousser les exemples de nos prédécesseurs, répudier impitoyablement les formes, les combinaisons ornementales, les arrangements pratiqués dans les siècles antérieurs, ce serait se fermer maladroitement des sources précieuses d'inspiration. « C'est en vain que les peintres et les poètes cherchent à inventer, écrit un artiste qu'on ne saurait trop citer, si avant tout ils n'ont pas rassemblé les matériaux propres à exercer leur esprit et à faire naître des idées nouvelles[2]. » Ces matériaux, le plus vaste génie que le monde puisse enfanter n'est pas assez riche pour les tirer tous de lui-même. Celui qui ne veut mettre à contribution aucun autre esprit que le sien, se trouve forcément réduit à la plus dangereuse des imitations, à celle de ses propres ouvrages.

1. *Loc. cit.*, VIe discours.
2. J. Reynolds, *ibid.*

L'étude des maîtres, en montrant comment les artistes les plus illustres ont compris la Nature, nous amène, à notre tour, à comprendre celle-ci. En nous révélant comment ils s'y sont pris pour résoudre les problèmes qui leur étaient posés, elle nous aide à trouver des solutions pour les problèmes à venir. Il est par conséquent indispensable d'étudier avec soin les styles anciens, de se pénétrer de leurs qualités typiques et de leurs beautés spéciales; de profiter de toutes les ingénieuses créations, de toutes les adaptations imaginées avant nous, mais en ne choisissant que les plus heureuses, et surtout en se conformant à l'exemple des abeilles dont parle Montaigne, qui « pillottent çà et là les fleurs » et qui « en font aprèz le miel qui est tout leur et n'est plus thyn ni marjolaine ». Celui qui par l'étude a rassemblé le nombre le plus considérable de matériaux, possède donc les plus grands moyens pour inventer, et s'il lui manque la faculté de les mettre en œuvre d'une façon nouvelle, ce n'est pas à son excès de richesse qu'il lui faut s'en prendre, mais uniquement à sa faiblesse d'esprit ou à la manière confuse dont il a entassé les idées dans son cerveau.

LXXXV. — UNE DES CONDITIONS D'AGRÉMENT DE NOS HABITATIONS RÉSIDE DANS LA GAIETÉ. CELLE-CI DÉPEND EN PARTIE DE LA FORME DES PIÈCES, DES COULEURS DONT LES PAROIS SONT PEINTES OU TENDUES; ELLE RÉSULTE SURTOUT DU NOMBRE D'OUVERTURES (PORTES OU FENÊTRES) QUE L'HABITATION COMPORTE.

Nous avons établi dans nos précédentes propositions que les formes, comme les couleurs, ont une valeur sentimentale, et qu'à ce titre elles exercent une influence directe sur le caractère que présentent une pièce, une surface ou un objet. Mais elles ne constituent pas les seuls éléments dont le décorateur puisse tirer parti, et depuis longtemps on a constaté que la gaieté d'une pièce, d'un appartement, d'un édifice, d'une façade, est en raison directe du nombre de ses ouvertures.

Évoquez par la pensée une construction aveugle, sinon sans portes, du moins sans fenêtres. Son aspect ne manquera pas d'être austère, rébarbatif, impressionnant à contempler. Les antiques donjons, la prison d'Aix en Provence, dessinée par le célèbre Ledoux; celle de Mazas, œuvre des architectes Gilbert et Lecointe; celle de la Santé, construite par M. Vaudremer, montrent avec une éloquence indiscutable quel caractère mélancolique la prédominance des pleins sur les vides peut imprimer à un bâtiment. Les anciennes barrières de Paris, malheureusement démolies en partie, constituaient, dans ce même genre, des ouvrages accomplis. « Un philosophe qui aurait voulu habituer les esprits à l'abolition des octrois, écrit M. Charles Blanc [1], n'eût pas mieux conçu son architecture. De quelque point de l'horizon qu'il se dirigeât sur Paris, le marchand, du plus loin qu'il apercevait ces pleines et lourdes murailles, ces portes basses flanquées de colonnes trapues, et ces très rares fenêtres par où il se sentait surveillé, songeait tout de suite à payer la rançon de l'industrie et du travail. Partout l'architecte avait atteint son but en variant l'application d'un même principe. »

Maintenant procédons à l'inverse et imaginons un vaste bâtiment criblé de fenêtres. Sa façade affectera certainement un aspect particulièrement joyeux. A l'intérieur l'impression de gaieté ne sera pas moins vive. Les fenêtres nombreuses, en effet, ne se bornent pas à chasser la tristesse en versant des torrents de lumière. Elles augmentent le caractère accueillant des pièces, par les communications qu'elles ouvrent avec l'extérieur. Un sage l'a dit : « La plupart de nos idées joyeuses nous viennent des autres. » C'est

---

1. *Grammaire des arts du dessin*, p. 104.

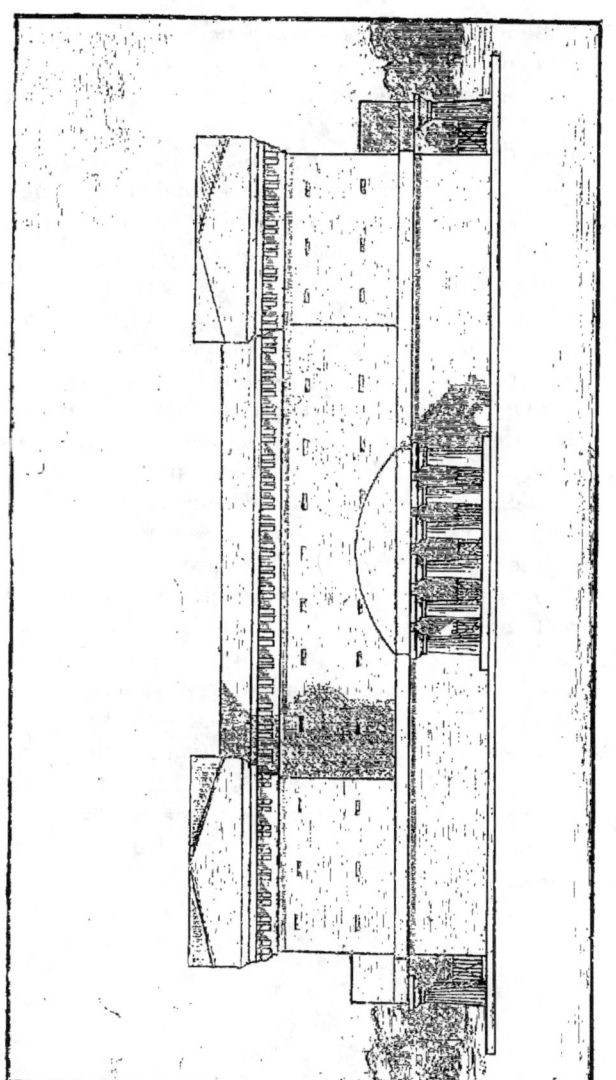

Fig. 94. — Prison d'Aix en Provence, construite par Ledoux.
Exemple de l'impression austère produite par la prédominance des vides sur les pleins.

ce qui explique comment les portes concourent, elles aussi, et presque dans la même mesure que les fenêtres, à ce précieux résultat. Leur bienfaisante influence se comprend sans effort.

Ce mur qui nous enveloppe de toutes parts forme un rempart entre nous et le monde. Il nous isole, et l'isolement est dans la vie un élément de tristesse et d'austérité. Percez ce mur, chaque fenêtre, chaque porte, que vous ouvrirez nous sera une facilité nouvelle pour entrer en relations avec la société qui nous entoure. Voilà pourquoi la gaieté d'une pièce, d'une maison, d'un édifice, se proportionne au nombre de ses ouvertures, et l'impression morale, dans ce cas, domine si bien le caractère physique, que dans la contemplation de cette façade que nous évoquions à l'instant, les vides font généralement des trous noirs sur le mur blanc. Ils devraient donc attrister cette blancheur joyeuse, et c'est le sentiment contraire qu'on éprouve à les contempler.

Un exemple bien frappant de cette impression singulière nous est, au surplus, fourni par un monument parisien. Le Panthéon était autrefois percé de vastes fenêtres, qui ont dû être aveuglées pour assurer la solidité de l'édifice. La trace de ces fenêtres anciennes est encore visible, en sorte qu'avec un peu d'imagination il devient facile de se figurer ce qu'était ce superbe édifice dans son état primitif. Qu'on restitue par la pensée ces ouvertures, et l'aspect général change immédiatement. Le chef-d'œuvre de Soufflot perd en partie cette majestueuse austérité qui lui donne un si grand caractère.

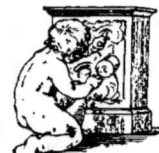

LXXXVI. — LE DEGRÉ DE GAIETÉ D'UN APPARTEMENT ÉTANT EN RAISON DIRECTE DU NOMBRE DE SES OUVERTURES APPARENTES OU RÉELLES, EN MULTIPLIANT LE CHIFFRE DES FENÊTRES ET DES PORTES APPARENTES, ON PEUT ARRIVER A AUGMENTER LA GAIETÉ D'UNE PIÈCE. EN LE RÉDUISANT ON COMMUNIQUE, AU CONTRAIRE, A CETTE PIÈCE UN AIR DE RETRAITE ET DE RECUEILLEMENT.

Forts de la remarque contenue dans la proposition précédente, il semble que rien ne soit plus facile que d'imprimer à une pièce, à une façade, à une construction quelconque, un caractère joyeux ou morose. Pour cela il suffit d'augmenter ou de diminuer le nombre sinon des ouvertures réelles, ce qui n'est point toujours possible, du moins des ouvertures apparentes. C'est ce que ne manquent pas de faire les architectes lorsqu'ils décorent une muraille de fausses fenêtres ou de fausses portes. Le plus souvent ces *orbevoies* ont moins pour but de satisfaire aux exigences d'une vaine symétrie, que d'égayer l'aspect de la façade.

A l'intérieur le rôle des ouvertures n'a pas une importance moindre. Une seule fenêtre et une seule porte donnent à un vaste salon une allure retirée, difficilement accessible, peu en rapport, par conséquent, avec sa destination. Ouvrez deux fenêtres et quatre portes, et votre pièce, devenant abordable de toutes parts, prendra aussitôt un caractère joyeux. Un cabinet de travail a été gratifié de deux fenêtres et de quatre portes et nous paraît, grâce à cela, manquer du recueillement nécessaire. Vite bouchons une fenêtre et deux portes, et immédiatement notre pièce semblera plus austère. Mais s'il est toujours, — à l'intérieur comme à l'extérieur, — facile de masquer des baies existantes, il n'est pas toujours permis d'en ouvrir de nouvelles. On est, en effet, tenu de compter avec les murailles, et de respecter les exigences de la construction. Aussi avons-nous parlé d'ouvertures réelles ou apparentes. Lorsqu'on ne peut percer les portes ou les fenêtres que l'on estime indispensables pour assurer à une pièce le caractère qui lui convient le mieux, alors on recourt à des simulations qui créent une illusion suffisante.

LXXXVII. — DANS UNE CERTAINE MESURE, LES GLACES PEUVENT SUPPLÉER AUX FENÊTRES ET CONCOURIR A L'ÉCLAIRAGE ET A LA GAIETÉ D'UNE PIÈCE.

Pour les portes, le genre de simulations dont nous parlons dans notre précédente proposition, ne présente point ordinairement de difficultés sérieuses. Il suffit d'appliquer sur le nu du mur ou d'encastrer dans le lambris un placard de menuiserie, entouré d'un chambranle, et figurant les mêmes divisions que les autres portes. Pour les fenêtres, l'opération est moins commode. Il ne s'agit pas seulement, pour créer l'illusion, de simuler à l'aide de draperies, de stores ou de rideaux l'encadrement d'une baie absente, et d'indiquer ses contours à l'aide de moulures plus ou moins ornées. Il faut encore que cette ouverture apparente paraisse livrer passage à des rayons lumineux. Aussi le seul moyen que le décorateur ait de suppléer à l'absence des fenêtres est-il de recourir à des glaces habilement disposées.

Rien n'est plus propre, en effet, à égayer une pièce, à l'éclairer, quand elle est trop sombre, qu'une glace, et surtout que deux glaces posées en face l'une de l'autre et ouvrant à l'œil d'infinies perspectives. Au milieu d'une muraille qui nous enferme, la glace simule une fenêtre donnant sur une pièce voisine. En reflétant la lumière, en répétant les mille objets qui nous entourent, elle double l'intérêt et la valeur de ce qui frappe nos yeux.

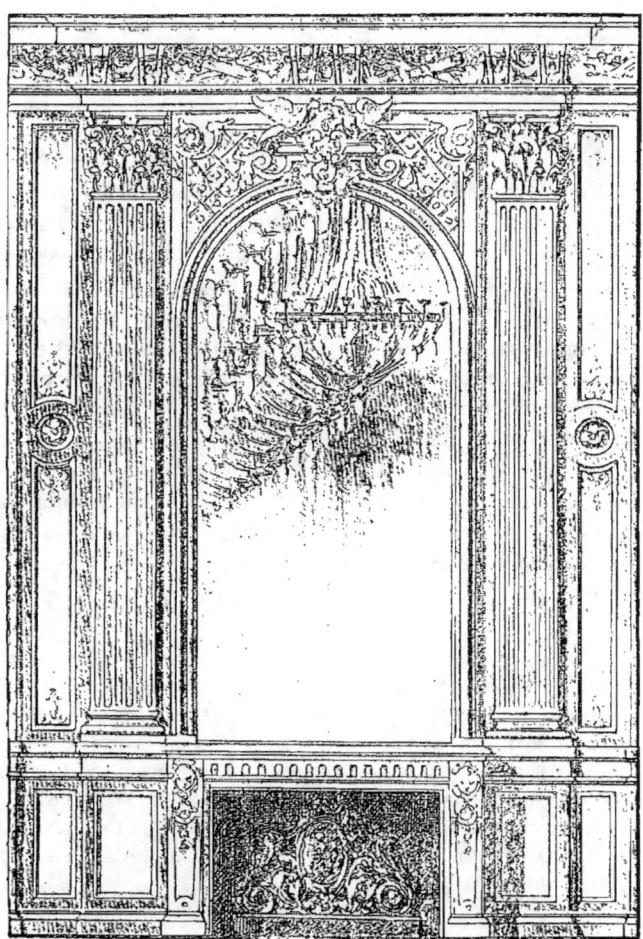

Fig. 95. — Effet produit par deux glaces se faisant vis-à-vis et placées sur des plans non parallèles.

LXXXVIII. — Lorsque deux glaces sont disposées l'une en face de l'autre, il est indispensable qu'elles soient placées sur deux plans strictement parallèles.

Nous venons de dire que deux glaces encadrées dans la muraille et disposées en face l'une de l'autre, ouvraient des perspectives infinies qui pouvaient suppléer les fenêtres absentes, et concourir dans une large mesure à la gaieté d'une pièce. Mais nos deux glaces ne peuvent produire cette impression heureuse qu'à une condition : c'est d'être exactement parallèles. La première précaution à prendre, quand on veut mettre en place deux glaces destinées à se faire vis-à-vis, est donc de s'assurer de l'absolue parallélisme des parois destinées à les recevoir. La moindre divergence, en effet, arrive, par la répétition infinie des objets, à produire une impression des plus désagréables ; car les images décrivent alors des courbes singulières, dont la contemplation ne laisse pas que d'être fatigante.

LXXXIX. — Les glaces semblant supprimer la muraille, il importe, lorsqu'on les applique contre une paroi, ou lorsqu'on les enchasse dans un lambris, de les encadrer solidement. On doit avoir soin, en outre, de ne pas les multiplier inutilement, et surtout de ne jamais les placer dans les angles, car, ainsi disposées, elles enlèvent au plafond tout point d'appui apparent.

Les glaces produisant, nous l'avons dit, l'illusion d'une fenêtre ouverte sur une pièce voisine, la plus élémentaire prudence nous enseigne qu'il faut s'abstenir de les enchâsser dans les parties de muraille où les exigences de l'archi-lecture nécessitent la présence d'un plein. Si l'on commettait cette faute, la construction semblerait manquer de la solidité indispensable. Lorsqu'une cheminée, comme cela arrive souvent, se trouve placée entre deux portes ouvrantes ou simulées (ce qui, au point de vue décoratif, revient au même), on doit avoir grand soin de conserver entre la glace qui surmonte cette cheminée et chacune des portes voisines un espace suffisant pour que l'œil y découvre un point d'appui capable de porter la corniche. Pour la même raison, il faut éviter d'appliquer des glaces dans les trumeaux disposés entre les fenêtres, ou si, pour la gaieté de la pièce ou pour tout autre motif, la présence d'une glace s'impose à cet endroit, il faut, soit par une inclinaison légère, soit en la détachant franchement de la paroi, accentuer son caractère de simple miroir accroché à la muraille, de façon que l'existence de cette dernière reste bien apparente. Toujours pour la même raison, on doit se garder de plaquer des glaces dans les angles des pièces, car le plafond, semblant alors suspendu sans aucune masse portante capable de le soutenir, constitue une sorte de plancher de Damoclès, qui inquiète perpétuellement notre œil, et laisse notre esprit sans repos.

Ces observations sont d'autant plus utiles à méditer, que les précédents fâcheux ne manquent pas en la matière. A la fin du XVIIe siècle, quand la fabrication des glaces commença de prendre en France une notable extension, on en appliqua partout. C'était la grande nouveauté du moment, le grand luxe, la grande mode. Mlle de la Vallière fut la première (1668) à posséder un cabinet entièrement tapissé de glaces. En 1694 on en disposa un dans l'appartement de la duchesse de Bouillon[1]. Le Régent, en 1726, fit décorer de même son alcôve. L'abbé Terrat, vers ce temps, se fit construire « un cabinet de glaces », que Germain Brice

---

1. *Dictionnaire de l'ameublement*, tome II, col. 993.

cite comme un des plus riches qu'on pût voir[1]. A Bagatelle, le boudoir était garni de miroirs « qui répétaient de tous côtés les attitudes des amans[2] ». A Paris, dans le boudoir de Mlle d'Hervieux, « les côtés, les plafonds, le parquet, étoient garnis de glaces entre lesquelles il n'existoit aucun intervalle[3] ». Enfin, pour ne pas multiplier ces exemples, rappelons que M. de Calonne avait fait disposer une énorme glace au milieu du ciel de son lit, ce qui, d'une part, faillit lui coûter la vie, et lui valut, d'autre part, l'épigramme suivante de Rulhière :

> Calonne eut, dit-on, grand'peur
> Quand il se vit dessous la glace :
> Je le crois bien, car un voleur
> Était devant lui face à face.

On a renoncé fort heureusement à cet abus condamnable de glaces qui, multipliant et renversant les images, produisaient les plus singuliers et parfois les plus ridicules effets. Le résultat de ces décorations indiscrètes était de transformer une chambre, un cabinet, un boudoir, c'est-à-dire un endroit clos et couvert, en une immense cage de verre montrant partout le vide.

XC. — LA DÉCORATION, COMME LA NATURE, A HORREUR DU VIDE. AUSSI LE DÉCORATEUR HABILE PREND-IL SOIN D'ENCADRER SOLIDEMENT LES FENÊTRES ET LES PORTES ET DE LAISSER UN CHAMP ASSEZ LARGE ENTRE CES OUVERTURES ET LES ORNEMENTS QUI LES AVOISINENT.

Lorsque nous disons que la nature a horreur du vide, nous n'entendons pas rééditer un antique apophtegme qui a cessé depuis longtemps d'être admis comme une vérité physique. Nous nous plaçons uniquement au point de vue

1. *Description de Paris*, tome III, p. 354.
2. Bachaumont, *Mémoires secrets*, tome XV, p. 187.
3. Caillot, *Vie publique des Français*, tome II, p. 99.

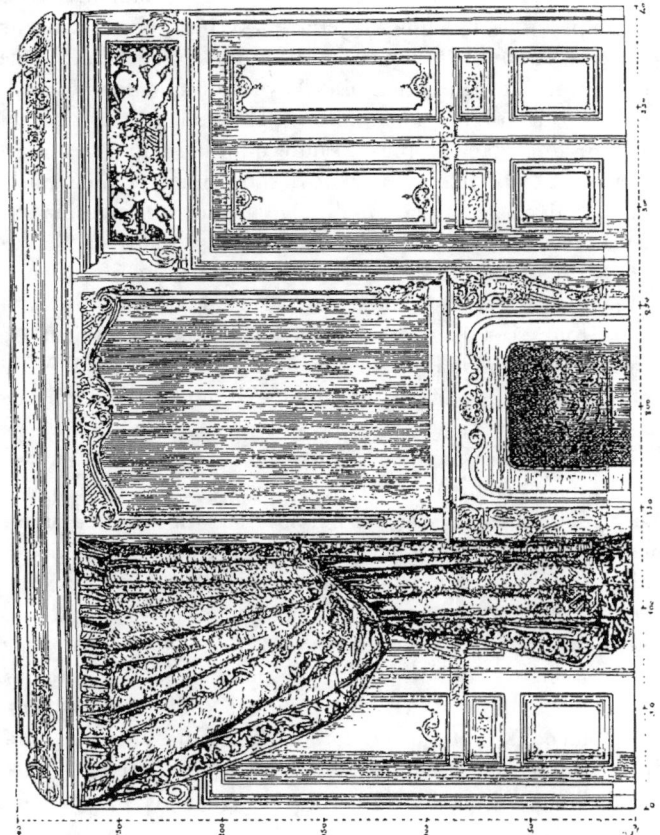

Fig. 96. — Effet désagréable produit par l'encadrement insuffisant d'une glace.

sentimental. La crainte instinctive que nous ressentons à la vue d'une ouverture béante, le vertige qui nous saisit lorsque nous sommes isolés sur un sommet, l'impression répulsive qui, sur un balcon dépourvu de balustrade ou de rampe, nous fait nous rejeter en arrière, ces sensations sont trop connues et trop caractéristiques pour qu'on puisse nier sinon l'horreur, du moins l'aversion que le vide nous inspire. « Le plus grand philosophe du monde, a dit Pascal, sur une planche plus grande qu'il ne faut pour marcher à son ordinaire, s'il y a au-dessous un précipice, quoique sa raison le convainque de sa sûreté, son imagination prévaudra. Plusieurs ne sauroient en soutenir la pensée sans pâlir et suer [1]. » — « Il y a très peu d'hommes, écrit Dugald Stewart, qui puissent regarder en bas, du haut d'une tour très élevée, sans éprouver un sentiment de crainte. Et cependant leur raison les convainc qu'ils ne courent pas plus de risques que s'ils étaient à terre sur leurs pieds [2]. »

Eh bien, dans la décoration, ce sentiment instinctif se manifeste également, et le vide pratiqué dans un plein, par ce seul fait qu'il semble entamer la solidité de ce plein, provoque chez nous une sorte d'inquiétude, peu raisonnable assurément, mais dont un décorateur soigneux ne manque pas cependant de tenir compte. C'est pourquoi de toute antiquité les architectes ont pris soin d'entourer leurs ouvertures de solides chambranles, de souligner leurs arcs d'intrados et d'extrados robustes, qui semblent renforcer la construction tout autour de la baie. Et l'habitude de ce renforcement est si invétérée en nous, qu'un simple œil-de-bœuf dépourvu de cet entourage nous paraît choquant.

Obéissant à ce même sentiment, les décorateurs, eux

1. *Pensées*, première partie, article VI.
2. *Philosophie de l'esprit humain*, I, 107, cité par H. Taine dans l'*Intelligence*, I, 93.

aussi, ont grand soin, lorsque sur les parois d'un appartement ils distribuent les panneaux d'un lambris, de tenir le champ vertical qui avoisine directement une porte ou une fenêtre, sensiblement plus large que celui situé à l'encoignure de la pièce. Si la décoration est mobile et consiste en objets d'art, en tableaux, en médaillons, en statuettes, qui doivent être suspendus ou accrochés entre une porte et l'angle d'un mur, il faut pareillement se garder de placer cette décoration juste au milieu de la paroi. On doit, au contraire, la reporter légèrement sur le côté, en l'éloignant de la partie vide. Par un singulier effet d'optique, l'ensemble ainsi disposé paraît mieux d'aplomb. Ce que nous disons des portes et des fenêtres s'applique également aux glaces, qui, nous l'avons vu, ont généralement pour effet de simuler une ouverture pratiquée dans la muraille.

XCI. — DANS TOUTES LES DÉCORATIONS MURALES, IL EST, EN OUTRE, MALSÉANT DE SIMULER DES VIDES OÙ LES NÉCESSITÉS DE LA CONSTRUCTION ONT OBLIGÉ L'ARCHITECTE A MÉNAGER DES PLEINS.

C'est là une vérité devenue en quelque sorte classique. « L'ameublement se lie de trop près à la décoration des intérieurs, ont dit avec beaucoup de raison deux décorateurs justement estimés [1], pour que l'architecte puisse y rester indifférent... Des glaces indiscrètement posées, des tapisseries maladroitement attachées, produiront des vides où il faudrait des pleins, et des pleins où il faudrait des vides. La construction est, dans les édifices, ce que l'ossature est dans le corps humain ; on doit l'embellir sans la masquer entièrement. La construction et la décoration sont dans un rapport intime, et si elles cessent de le paraître, il y a un vice dans l'ensemble. » On ne pourrait mieux dire, et il n'est besoin de rien ajouter.

1. Percier et Fontaine (*loc. cit.*)

XCII. — DE MÊME IL EST MALADROIT DE SIMULER PAR DES JEUX DE LUMIÈRE OU PAR DES EFFETS DE PERSPECTIVE, DES RELIEFS PLUS OU MOINS ACCENTUÉS AUX ENDROITS OÙ LE MUR DOIT RESTER PLAN.

Ce que Percier et Fontaine ne disent point, par exem-

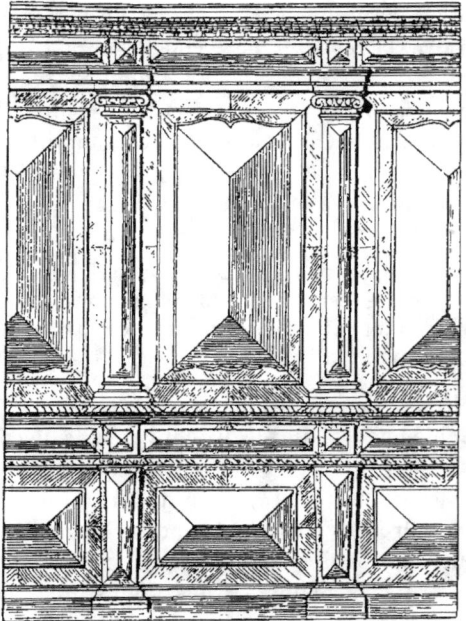

Fig. 97. — Bossages apparents, produits par la mauvaise disposition d'une marqueterie.

ple, et ce qu'il est cependant indispensable de constater, c'est la fâcheuse impression produite par l'opération contraire. S'il est inconvenant de simuler des vides dans les endroits où les nécessités de la construction exigent des pleins, il est presque aussi maladroit de simuler des reliefs dans les parties où la muraille doit rester plane. Il suffit, en effet, de la disposition mal comprise de boiseries assemblées en *fougère* ou en *point de Hongrie,* pour produire des jeux de lumière, qui donnent à la menuiserie d'un lambris l'aspect de bossages. De même, certaines marqueteries, certains treillages, sont combinés de façon à produire des effets de perspective également regrettables. Ce sont là des erreurs contre lesquelles on ne saurait trop protester. Autant, pour les lambris, les différences de niveau qui résultent de saillies raisonnées, voulues, aménagées avec art et en vue de la décoration générale[1], peuvent donner des résultats heureux, autant il faut s'élever contre ces transformations purement accidentelles d'une surface qui devrait demeurer plane, en une surface mouvementée.

XCIII. — DANS LA DÉCORATION MOBILIÈRE, ON DOIT ÉGALEMENT ÉVITER AVEC SOIN DE CRÉER, PAR UNE ORNEMENTATION MAL ENTENDUE, DES RELIEFS APPARENTS EN CONTRADICTION AVEC LA FORME DU MEUBLE.

Ce que nous venons de dire des décorations murales s'applique également à l'ornementation des meubles. Les ébénistes, cependant, oublient trop souvent ces sages recommandations, et dans la combinaison de leurs mosaïques de bois, cherchent des effets qui, pour être ingénieux, ne s'en trouvent pas moins en contradiction avec la forme et la destination des surfaces qu'ils ont à orner. C'est ainsi que, sur l'abatant d'un secrétaire ou sur le cylindre d'un bureau, ils simulent des cubes, des pointes de diamant, des étoiles saillantes. De même ils gondolent le chevet d'un lit, les portes d'une armoire, en les couvrant d'un placage

---

1. Voir ce que nous disons à ce sujet dans notre volume sur la *Menuiserie*, p. 31.

assemblé en *bois frisé d'onglet*. Toute décoration plane doit conserver son aspect plan, et l'artiste habile a soin de se garder de ces accidents plus ou moins décoratifs, qui produisent toujours des simulations regrettables.

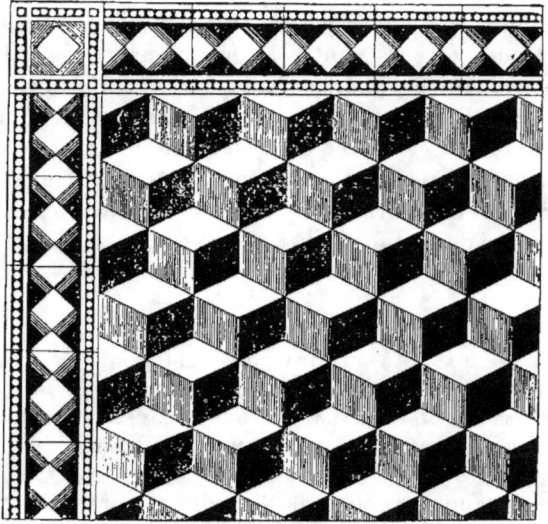

Fig. 98. — Carrelage simulant une surface mouvementée
(EXEMPLE CONDAMNABLE.)

XCIV. — DANS LES PAVEMENTS, PLUS ENCORE QUE DANS LES REVÊTEMENTS ET DANS L'ORNEMENTATION DES MEUBLES, LES EFFETS DE PERSPECTIVE DOIVENT ÊTRE SÉVÈREMENT PROSCRITS. DANS LES TAPIS COMME DANS LES CARRELAGES, TOUTE DISPOSITION EXPRIMANT UNE IDÉE DE RELIEF EST MALSÉANTE, ET DOIT ÊTRE ÉVITÉE AVEC SOIN.

Ce qui vient d'être dit des murailles et des meubles s'applique avec plus de raison encore aux pavements et aux tissus qui recouvrent le sol. Il est clair, en effet, que la figuration de reliefs plus ou moins accentués, si elle semble déjà déplacée sur des murs dont nous pouvons nous tenir à distance, ou sur des meubles que nous pouvons éviter de toucher, est moins acceptable encore lorsqu'elle apparaît

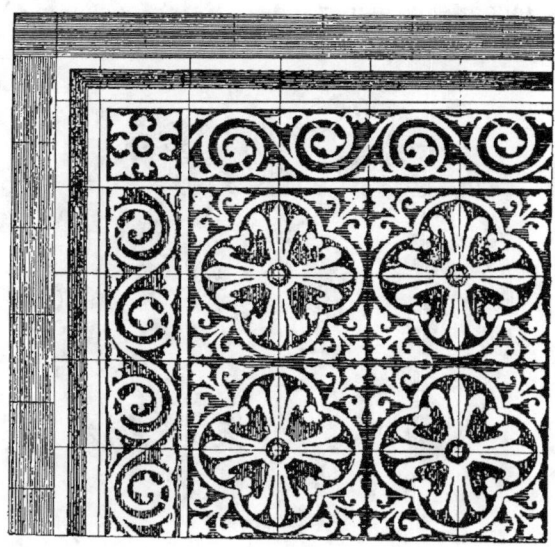

Fig. 99. — Carrelage à dessin plan.
(EXEMPLE A IMITER.)

sous nos pieds. Rien n'est plus désagréable, assurément, que de marcher sur une série d'aspérités apparentes, qui risqueraient de provoquer des chutes dangereuses, si elles n'étaient un mensonge malséant et ridicule. On fera donc bien de renoncer, dans les pavements, à ces dispositions troublantes, et, pour la même raison, d'user modérément de tapis décorés de guirlandes, de bouquets et autres motifs plus ou moins modelés. Le goût, en effet, trouve une légitime satisfaction dans cette abstention, toute de bon sens.

En outre, les dessins et les combinaisons consistant en une ornementation plane permettent à la fois plus de discrétion et plus de liberté dans l'emploi des couleurs, et de la sorte on peut mieux conserver aux tapis leur véritable rôle décoratif, lequel est de servir de point de départ à la gamme colorée qui doit envelopper la pièce (voir proposition LXXV).

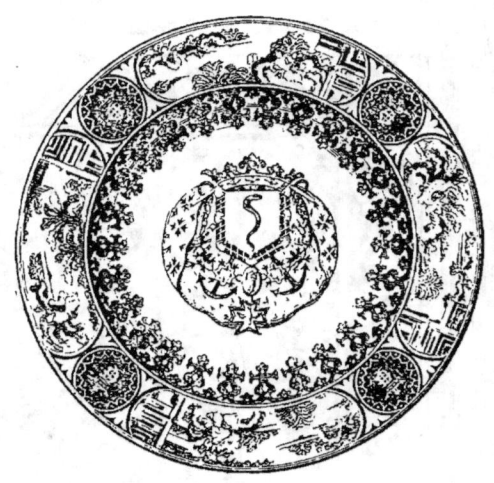

Fig. 100. — Plat en faïence ; décor avec repos.

XCV. — LORSQU'UN ESPACE EST DÉCORÉ D'ORNEMENTS PLUS OU MOINS RICHES, PLUS OU MOINS COMPLIQUÉS, IL IMPORTE, POUR METTRE CES ORNEMENTS EN VALEUR, QUE LES PARTIES AVOISINANTES CONSERVENT UNE SIMPLICITÉ RELATIVE.

« Rien ne contribue tant à fatiguer les yeux et l'esprit, a dit Reynolds, que la profusion... Le juste degré dans les ornements doit être réglé par le style même de l'ouvrage ; mais il ne faut jamais oublier cette vérité, que le style qui exige le plus d'apparat doit offrir des repos, pour donner plus d'effet aux ornements eux-mêmes [1]. »

C'est là une précaution que l'artiste expérimenté ne perd jamais de vue. Désireux de prévenir toute confusion, d'éviter tout désordre, et soucieux surtout d'introduire dans sa composition cette méthode et cette clarté grâce auxquelles

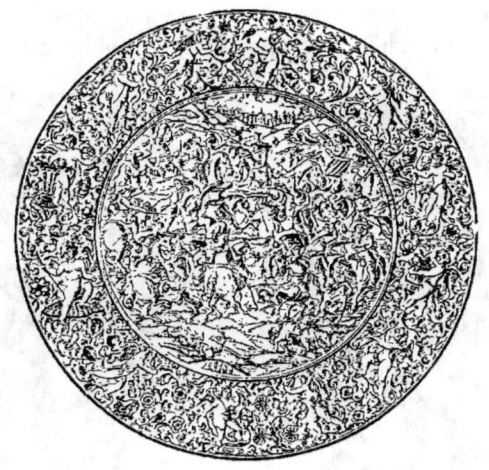

Fig. 101. — Plat en faïence ; décor sans repos.

on peut bien saisir le caractère des œuvres décoratives, il aura soin de laisser entre les différentes parties chargées d'ornements, un espace libre et presque nu, permettant à l'œil de se reposer et d'apprécier séparément l'ornementation de chacune des fractions dont l'ensemble se compose. Ces espaces, qu'on nomme des *repos*, font, par le contraste, ressortir la richesse et la beauté des parties ornées, et établissent entre les principales divisions de l'œuvre une subordination indispensable.

1. *Loc. cit.*, VIII° discours.

LA DÉCORATION

XCVI. — Lorsqu'un objet est formé de matières différentes, une de celles qui entrent dans sa constitution doit remplir le rôle de repos, et faire ainsi valoir la matière la plus brillante ou la plus riche.

Il arrive souvent que plusieurs matières d'inégale valeur entrent dans la composition d'un objet d'art. Un vase

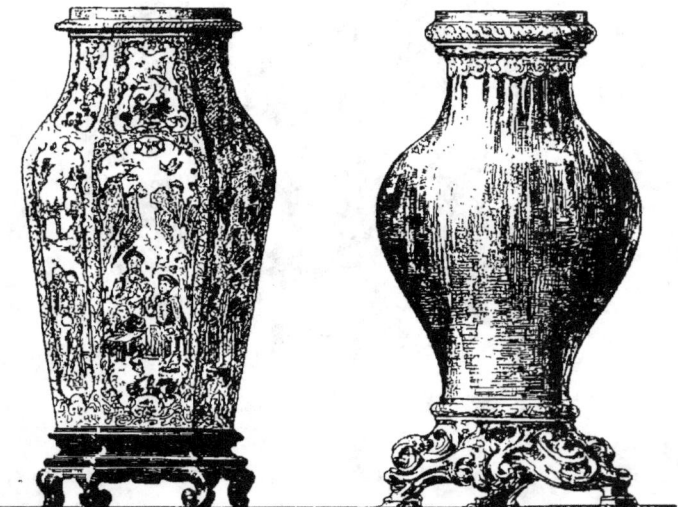

Fig. 102. — Potiche à décor compliqué et à monture simple.

Fig. 103. — Potiche à décor simple et à monture compliquée.

en porphyre, par exemple, en marbre, en onyx, en cristal, en porcelaine de Chine ou du Japon, peut recevoir une monture en bronze ciselé et doré, plus ou moins magnifique. Dans le choix des ornements qui décorent cette monture, l'artiste doit apporter des préoccupations analogues à celles dont il est question dans la proposition précédente. Si le vase est simple de forme et monochrome, la monture pourra, par la variété de ses profils, par la finesse de son décor, ajouter considérablement à la valeur décorative de l'ouvrage. Si, au contraire, le vase est lui-même chargé d'une ornementation compliquée, la monture devra se tenir dans des lignes sobres et relativement modestes. (Voir fig. 102 et 103.) En tout cas, le dessinateur fera bien d'éviter une égalité d'ornementation, qui, divisant l'attention, provoquerait une sorte de tiraillement, de conflit entre les parties, et dont l'effet immédiat serait d'amoindrir l'impression produite par l'ensemble.

Ce que nous disons des vases s'applique également à tout autre genre de meubles. Dessine-t-on un cabinet d'ébène marqueté d'ivoire, on aura soin de laisser les champs sans marqueterie aucune, pour qu'ils ajoutent, en servant de repoussoir, à la richesse des parties marquetées, etc., etc.

XCVII. — UNE DES CONVENANCES QUE L'ARTISTE NE DOIT JAMAIS PERDRE DE VUE DANS LA CRÉATION D'UNE DÉCORATION MURALE OU MOBILIÈRE, C'EST LA SOLIDITÉ. ELLE SEULE ASSURE LA DURÉE DES OBJETS ET LÉGITIME LA DÉPENSE QUE LEUR CONFECTION RÉCLAME.

Il ne suffit point, en effet, que les ouvrages qu'on exécute répondent à certaines qualités plastiques et satisfassent le regard. Il importe aussi que, dans leur conception comme dans leur exécution, on apporte tous ses soins à les rendre durables. L'invention et la confection d'une décoration compliquée, surtout lorsque celle-ci présente un véritable caractère d'art, sont choses essentiellement délicates, souvent longues et difficiles. Elles réclament une dépense d'intelligence, de talent et d'efforts parfois considérable, et qui demande à être rémunérée dignement. Or, cette rémunération n'est possible qu'à une condition : c'est que l'acquéreur ne soit pas, à très courte échéance, obligé de renouveler son acquisition. Sous ce rapport, certaines dispositions du code civil, en condamnant nos mobiliers modernes à une dispersion fatalement périodique, ont porté un coup funeste aux arts somptuaires de notre temps. Jadis on pouvait faire exécuter à grands frais les boiseries, les lambris, les plafonds d'un hôtel. On pouvait commander des tapisseries sur mesure et combiner à loisir le mobilier garnissant ces riches et somptueuses demeures. On était à peu près certain, en effet, que ces belles décorations, que ces meubles splendides, pieusement transmis de génération en génération, attesteraient aux yeux de la postérité le bon goût et la libéralité des ancêtres. Aujourd'hui ces espérances n'entrent plus dans nos calculs, et l'on se garde d'exiger de l'ameublement une perpétuité qui n'est plus dans nos mœurs. A chaque décès, la maison, l'hôtel, le château, passent dans des mains nouvelles; les meubles sont dispersés, partagés ou vendus. Dès lors à quoi bon prétendre que mobilier et décoration soient exécutés pour un temps indéfini, quand leur durée est définie par la mort, sans compter qu'il convient d'ajouter aux incertitudes finales celles de la fortune et l'instabilité de nos établissements?

L'artiste consciencieux s'efforce, toutefois, de réagir contre ces nécessités fâcheuses. Il se doit à lui-même de produire des œuvres durables; et ce serait affecter presque du mépris pour ses propres ouvrages, que de négliger ce qui peut assurer leur conservation.

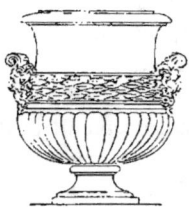

XCVIII. — La solidité ne doit pas seulement exister en réalité. Elle doit encore être apparente. Il en est de même de l'aplomb.

Les ouvrages de l'artiste ne doivent pas se borner à être solides et durables ; il faut encore qu'ils le paraissent. L'agrément que leur vue ou leur usage cause, n'est possible qu'à cette condition. « Un bâtiment qui ne serait pas solide, écrit avec beaucoup de raison M. Charles Blanc, ou qui le serait sans le paraître, lors même qu'on l'aurait fait admirable, ne nous laisserait pas le loisir de l'admirer, parce que la seule menace d'un péril troublerait en nous l'impression du Beau [1]. » Et dans un ordre d'idées plus intime, quel plaisir peut-on éprouver à manier constamment ces objets d'une apparence si fragile, qu'ils causent à tous ceux qui les touchent de légitimes appréhensions ? Quelle satisfaction peut-on ressentir à confier son corps à des meubles de résistance douteuse, et qui semblent devoir s'écrouler sous notre poids? L'artiste doit donc avoir grand soin de rendre la solidité de ses ouvrages suffisamment évidente pour éloigner de notre esprit ces fâcheuses préoccupations.

Ce que nous disons de la solidité s'applique également à l'aplomb. Rien n'est plus fatigant, à la longue, et plus inquiétant que la contemplation d'un vase, d'un candélabre, d'un guéridon, que le moindre choc paraît devoir renverser. Aussi, dans chacune de nos autres monographies, nous sommes-nous appliqué à fournir des formules permettant de prévenir cette sorte d'inquiétudes [2].

1. *Grammaire des Arts du dessin*, p. 78.
2. Voir notamment la *Menuiserie*, p. 92, et l'*Orfèvrerie*, p. 77

XCIX. — Enfin le décorateur doit éviter tout déploiement exagéré de virtuosité ou toute recherche trop évidente d'originalité qui, concentrant l'attention sur son œuvre personnelle, détournerait le spectateur de la contemplation de l'ensemble.

Nous avons établi, au cours de cette étude, que l'unité était une des nécessités fondamentales de toute belle décoration. Or cette unité, comme le dit si bien Diderot[1], « naît de la subordination des parties », et c'est de cette subordination que l'harmonie prend également naissance. Le devoir du décorateur est donc d'éviter avec soin tout ce qui pourrait, en absorbant trop particulièrement les regards, atténuer cette unité, cette harmonie indispensables. C'est pourquoi, dès l'Antiquité, tous ceux qui ont écrit sur les Beaux-Arts ont recommandé aux artistes de ne point chercher à attirer l'attention par un excès de virtuosité dans l'exécution. « Le talent, disait Sénèque, est extrêmement utile, mais à condition qu'il se dissimule. » — « Nous pensons que l'art est perdu s'il ne se manifeste, ajoutait Quintilien, tandis qu'il cesse d'être un art dès qu'il devient sensible. » L'éloge le plus complet qu'Ovide, en ses *Métamorphoses,* trouve à faire de la statue de Pygmalion, c'est de constater que le statuaire avait si bien dissimulé l'art déployé dans cet enfantement sublime, qu'on croyait se trouver en face de la réalité.

> Virginis est vere facies, quam vivere credas
> Et, si non obstet reverentia, velle moveri,
> Ars adeo latet.

Dans les temps modernes, l'unanimité n'est pas moins remarquable. « C'est le but suprême de l'art de ne point se

---

1. *Pensées détachées sur la peinture* (*Œuvres complètes*, tome V, p. 532).

laisser apercevoir, » écrit l'abbé de Marsy dans le poème latin qu'il consacre à la *peinture*[1]. « L'art porté à sa perfection ne se montre pas avec ostentation, dit Reynolds[2]; il demeure caché et produit ses effets sans en laisser apercevoir la cause. » — « Les jeunes gens, ajoutait en 1859 Eugène Delacroix[3], ne sont entichés que de l'adresse de la main. Il n'y a peut-être pas de plus grand empêchement à toute espèce de véritables progrès que cette manie universelle, à laquelle nous avons tout sacrifié. C'est elle qui empêche de sacrifier tout ce qui n'est pas nécessaire au tableau, qui fait préférer le morceau à l'ensemble et qui empêche de travailler jusqu'à ce qu'on soit véritablement satisfait. »

Si de pareilles recommandations ont leur raison d'être lorsqu'on s'adresse à des artistes indépendants, combien ne sont-elles pas plus fondées encore quand il s'agit de décorateurs? Et c'est en cela que l'art de la décoration se montre supérieur à ses rivaux. Il fait appel à ce qu'il y a de plus noble chez l'homme et de plus rare chez l'artiste. Il exige une constante et perpétuelle abnégation.

C. — C'EST EN TENANT COMPTE DE CES MULTIPLES CONVENANCES ET D'AUTRES ENCORE QU'IL SERAIT TROP LONG D'ÉNUMÉRER, QUE LE DÉCORATEUR PARVIENT A SATISFAIRE AUX EXIGENCES VÉRITABLES DE SON ART.

Il en est, en effet, de la décoration comme de la poésie. Le poète, quelles que soient l'étendue de ses vues, la grandeur de son talent, l'envolée de son génie, est obligé d'adapter ses pensées à un rythme prévu, et de les enfermer dans les strictes limites d'une versification inexorable, dont la mesure et les règles, résultat de conventions antérieures,

---

1. Artis erit summum, nihil artis inesse videri. (*Pictura carmen auctore F. M. Marsy.*)
2. *Loc. cit.*, VIe discours.
3. *Lettres d'Eugène Delacroix*, p. 308.

échappent à sa volonté et la dominent. Sort-il amoindri de cet effort? Nullement. S'il a le génie ou le talent nécessaires, l'idée qu'il exprime grandit, au contraire, à cette contrainte. Sa forme s'affine, ses contours se précisent; elle prend une force, une ampleur, une netteté, parfois même un imprévu qu'elle n'aurait certes point présentés si le poète ne s'était vu obligé de la faire entrer dans le moule prescrit. Il en est de même pour le décorateur de talent. Les difficultés qui se dressent au travers de son chemin, et dont il lui faut triompher, deviennent pour lui suggestives. Elles stimulent son ingéniosité et permettent à son art de s'affirmer avec une maîtrise supérieure à celle qu'il aurait vraisemblablement montrée, s'il eût pu se dispenser de vaincre tant d'obstacles.

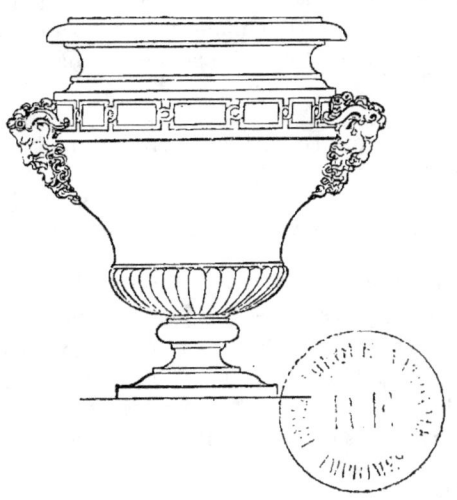

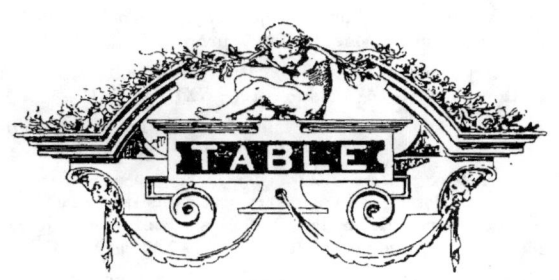

	Pages.
Le besoin de la parure est naturel à l'homme (prop. I).........	1
Classification établie dans les arts. Ce qu'il faut entendre par *Arts décoratifs* (prop. II)...............................	3
Les *Arts décoratifs* obéissent à des règles particulières (prop. III).	5
La recherche de l'expression et l'imitation stricte de la nature leur sont interdites (prop. IV et V).......................	6
Le choix des sujets réclame certaines précautions et doit s'accorder avec la forme et la destination de l'espace à décorer (prop. VI)..	13
De l'allégorie et des attributs (prop. VII et VIII).............	15
Le décorateur doit éviter la représentation d'attitudes forcées, dont la contemplation devient fatigante à la longue (prop. IX).	19
Il lui faut, en outre, tenir compte des exigences du point de vue, du degré d'éclairage, de la température, etc. (prop. X et XI)..	20
Des autres *convenances* auxquelles les *Arts décoratifs* sont soumis, et de ce qu'il faut entendre par ce mot (prop. XII et XIII).	24
La préoccupation d'embellir un objet ne doit jamais contrarier sa destination ni déguiser sa raison d'être (prop. XIV).......	25
Le besoin d'unité, condition essentielle de la beauté, exige que toute décoration procède d'un parti clairement indiqué (prop. XV)..	26
La décoration d'un objet peut découler de la forme même de cet objet ou lui être surajoutée. Dans le premier cas elle présente plus d'homogénéité, dans le second plus de magnificence (prop. XVI à XVIII).....................................	30
La magnificence d'une décoration ne doit point faire oublier l'objet ou la surface qu'elle a pour but d'embellir; elle ne doit pas rendre son usage dangereux ou difficile (prop. XIX à XXI)...	35

TABLE DES MATIÈRES

	Pages.
Pour décorer une surface ou un objet, l'artiste n'a à sa disposition que des lignes et des couleurs (prop. XXII)............	39
Les couleurs possèdent une signification sentimentale. Cette signification n'est pas invariable (prop. XXIII et XXIV)........	40
Les lignes ont également leur signification. Idées auxquelles correspondent la ligne droite, la ligne courbe et la ligne brisée (prop. XXV et XXVI)................................	42
La signification des lignes varie suivant la position qu'elles occupent. Par la répétition, leur valeur s'accentue ; par la contradiction, elle s'atténue et s'altère (prop. XXVII et XXVIII)....	47
Des diagonales et des angles formés par leur rencontre (prop. XXIX et XXX)....................................	49
Des lignes courbes et de leur caractère. Du danger qu'il y a de les employer verticalement. Elles sont, par contre, d'un grand secours dans le sens horizontal (prop. XXXI à XXXIII)........	51
Autres applications auxquelles les lignes courbes conviennent (prop. XXXIV et XXXV)..............................	56
Les lignes de contour qui délimitent la forme d'un objet et lui donnent son aplomb doivent varier suivant la matière dont cet objet est fabriqué (prop. XXXVI et XXXVII)..............	58
La ligne brisée, par sa nature même, convient mal aux décorations fixes ; par contre, elle joue un rôle important dans les groupements d'objets, et suivant la disposition qu'affectent ses branchements, elle exprime des idées gaies ou tristes (prop. XXXVIII à XL)......................................	60
Dans l'emploi des lignes brisées il faut éviter toute progression arithmétique (prop. XLI)................................	67
De la symétrie. Ses exigences ne se font sentir que dans le sens de la hauteur. Elle existe dans la décoration quand l'analogie est suffisante. Elle ne doit pas nuire à la commodité (prop. XLII à XLV)......................................	70
Des proportions. C'est d'elles que dépendent non seulement la beauté, mais l'expression et le caractère (prop. XLVI).......	74
Chacune des trois dimensions répond à des sentiments particuliers (prop. XLVII)....................................	76
Lorsque les dimensions sont concordantes, leur effet se neutralise. En sacrifiant une des trois dimensions on accroît la signification des deux autres (prop. XLVIII à L).............	78
Dans la création d'une forme aussi bien que dans la disposition d'une ornementation surajoutée, le décorateur évite avec soin toute égalité entre les divers membres ou parties (prop. LI et LII)..	81

TABLE DES MATIÈRES

	Pages.
Le besoin d'une division dominante se fait surtout sentir dans le sens de la hauteur (prop. LIII).............................	84
Différents artifices permettent de modifier la forme apparente d'une surface dont les proportions présentent une fâcheuse concordance (prop. LIV à LVI).............................	85
Des ressources qu'offre le choix de l'échelle, et du parti qu'on en peut tirer (prop. LVII à LX)..............................	92
Les différentes parties composant un ensemble doivent, autant que possible, être exécutées à une même échelle. Cette règle, toutefois, est sujette à certaines dérogations (prop. LXI à LXV).	101
On peut utiliser les couleurs pour modifier la dimension apparente d'une surface et pour lui donner un aspect triste ou gai (prop. LXVI et LXVII)......................................	109
Les rapports des couleurs entre elles sont réglés théoriquement par des lois fixes. Ces lois, dans la pratique, sont sujettes à des dérogations qui obligent, dans nombre de cas, le décorateur à procéder d'une façon empirique (prop. LXVIII à LXXII).....	112
Dans la recherche de ses colorations, un artiste ne doit jamais subordonner l'effet général à l'éclat de son œuvre particulière (prop. LXXIII)	124
Tout appartement décoré avec goût doit présenter une gamme ascendante ou descendante de couleurs (prop. LXXV)........	128
La décoration mobile et meublante doit se raccorder à la décoration fixe. Seuls les objets d'art et meubles accessoires peuvent garder un caractère indépendant (prop. LXXVI et LXXVII).	130
La distribution de l'éclairage joue un grand rôle dans la décoration. La lumière doit être une. Artifices qui permettent de suppléer à l'insuffisance des foyers lumineux (prop. LXXVIII à LXXX)...	133
Par suite de l'intensité de l'éclairage actuel, on doit renoncer à la copie rigoureuse des décorations anciennes. Les styles anciens ne sauraient, au surplus, nous satisfaire d'une façon absolue. Comme conséquence, les formes archaïques ne doivent être employées qu'avec circonspection (prop. LXXXI à LXXXIII)	139
Le décorateur a cependant pour devoir de s'inspirer de l'exemple des maîtres qui l'ont devancé (prop. LXXXIV)..............	146
Le nombre des ouvertures influe sur la gaieté des pièces. En multipliant les portes et les fenêtres on rend les édifices plus gais ; en diminuant leur nombre on les rend plus austères (prop. LXXXV et LXXXVI).....................................	147
Des glaces et de leur utilité. Elles peuvent suppléer aux ouvertures. Quand elles se font vis-à-vis, elles doivent être dispo-	

TABLE DES MATIÈRES

Pages.

sées sur des plans strictement parallèles. Leur présence ne doit pas diminuer la solidité apparente des murailles (prop. LXXXVII à LXXXIX).................................... 152

La décoration a horreur du vide (prop. XC).................. 156

Il est toujours malséant de simuler des vides dans les endroits où les pleins sont indispensables, et des reliefs dans les endroits qui doivent rester plans. Cette convenance doit être observée surtout dans les pavements (prop. XCI à XCIV)....... 159

Le décorateur, pour mettre en valeur son ornementation, a soin d'opposer des *repos* aux parties les plus décorées (prop. XCV et XCVI).. 164

La solidité est indispensable. Il est en outre désirable qu'elle soit bien apparente (prop. XCVII et XCVIII)................ 167

Le décorateur habile évite avec soin toute virtuosité déplacée et toute recherche excessive d'originalité. Il satisfait aux exigences de son art sans cesser de tenir compte des convenances (prop. XCIX et C)...................................... 170

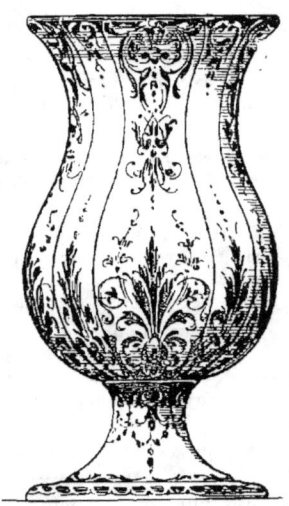

IMPRIMÉ POUR M. CH. DELAGRAVE
PAR LA SOCIÉTÉ ANONYME D'IMPRIMERIE DE VILLEFRANCHE-DE-ROUERGUE
JULES BARDOUX, DIRECTEUR

www.ingramcontent.com/pod-product-compliance
Lightning Source LLC
Chambersburg PA
CBHW071159240526
45470CB00017B/346